中华先贤人物故事汇

韩愈

王红利

著

中华书局

图书在版编目(CIP)数据

韩愈/王红利著. —北京:中华书局,2023.6(2024.11重印)
(中华先贤人物故事汇)
ISBN 978-7-101-15985-1

Ⅰ.韩… Ⅱ.王… Ⅲ.韩愈(768~824)-生平事迹
Ⅳ.K825.6

中国版本图书馆 CIP 数据核字(2022)第 211810 号

书　　名	韩　愈	
著　　者	王红利	
丛 书 名	中华先贤人物故事汇	
责任编辑	董邦冠	
美术总监	张　旺	
封面绘画	纪保超	
内文插图	纪保超	
责任印制	管　斌	
出版发行	中华书局	
	(北京市丰台区太平桥西里 38 号　100073)	
	http://www.zhbc.com.cn	
	E-mail:zhbc@zhbc.com.cn	
印　　刷	三河市宏达印刷有限公司	
版　　次	2023 年 6 月第 1 版	
	2024 年 11 月第 7 次印刷	
规　　格	开本/787×1092 毫米　1/32	
	印张 5⅜　插页 2　字数 50 千字	
印　　数	15001-17000 册	
国际书号	ISBN 978-7-101-15985-1	
定　　价	20.00 元	

出 版 说 明

　　孔子周游列国，创立儒家学说；张骞出使西域，开辟丝绸之路；书圣王羲之，留下了曲水流觞的佳话；诗仙李白，写下了"举头望明月，低头思故乡"的名篇；王安石为纠正时弊，推行变法；李时珍广集博采，躬亲实践，编撰医药学名著《本草纲目》……

　　这些杰出的历史人物，有的是在中华民族文明进程中做出过突出贡献、对后世产生过巨大影响的思想家、政治家，有的是对中华优秀传统文化的传承传播发挥过重大作用的文学家、艺术家、科学家，有的是为国家安定统一、民族融合团结和中外文化交流做出过杰出贡献的军事家、外交家……他们为中华民族的繁荣发展做出了伟大的贡献，他们的行为事迹、风范品格为当世楷模，并垂范后世。

他们是中华民族的先贤人物。他们的思想、品德、事迹，是中华优秀传统文化的结晶；他们的故事，是对中华民族的禀赋、特点和气质最生动、最鲜活的阐释；他们的名字，在五千年中华文明史上最为光彩夺目；他们为五千年中华文明史书写了最为光辉灿烂的篇章。

为了解先贤，走近先贤，我们精心组织编写了这套《中华先贤人物故事汇》丛书，以翔实可靠的史料为依据，细腻动人的故事为载体，真实地呈现中华先贤人物的事迹、品格和精神风貌，彰显他们的贡献和功绩，激发人们对国家民族的热爱，对中华文明、中华优秀传统文化的崇敬。

开卷有益，期待这套丛书成为你的良师益友。

目 录

导　读

　　韩愈（768—824），字退之，河南河阳（今河南孟州）人，自谓郡望昌黎，世称"韩昌黎"，唐代著名的文学家、思想家、教育家。

　　贞元八年（792），二十五岁的韩愈登进士第，却未能通过吏部举行的博学宏词科试，为了维持生计，韩愈先后入董晋、张建封之幕为官。担任幕官只是权宜之计，韩愈又到京城两应吏部铨选，终于得授四门博士。四门博士期满后又担任监察御史。后因论事被贬阳山，遇赦被召回，先后担任国子博士、河南令、考功郎中、中书舍人、太子右庶子等职。元和十二年（817）出任宰相裴度的行军司马，参与讨平"淮西之乱"，因军功授刑部侍郎。

其后又因谏迎佛骨被贬潮州。晚年官至吏部侍郎，人称"韩吏部"。长庆四年（824），韩愈病逝，享年五十七岁，追赠礼部尚书，谥号"文"，后世也称他"韩文公"。

韩愈出生的年代，唐王朝刚刚从安史之乱的废墟中艰难站立起来，各种矛盾开始激化，整个社会长期处于动荡不安的状态。韩愈自年轻时就积极谋求仕进，渴望建功立业，施展自己的抱负。但唐王朝已经从鼎盛辉煌的盛唐时期进入战乱频仍的中唐时期，出身庶族地主家庭的韩愈一生仕途蹭蹬，宦海浮沉，屡遭贬谪。正是这样的命运遭际，成为韩愈雄奇险怪的艺术风格的悲凉底色。

韩愈作为"唐宋八大家"之首，在散文创作方面取得的崇高成就为世人公认，甚至被后世誉为"文章巨公""百代文宗"。与韩愈同时代的刘禹锡称他为"文坛盟主"，宋代的苏轼评价他"文起八代之衰，道济天下之溺"。韩愈和柳宗元共同倡导"古文运动"，主张继承先秦两汉以来的散文传统，反对专讲声律对仗而忽视内容的骈体文，明确提出"文以明道"的主张，使当时的散文创作生面别开，气象一新。

韩愈的诗歌创作雄厚博大，奇崛高古，开创了一代新诗风，对宋诗影响颇大。韩愈还喜欢奖掖后进，身边逐渐形成了一个以自己为领袖，孟郊、李贺、贾岛、卢仝等人为主要成员的"韩孟诗派"。韩孟诗派成员大都认可"不平则鸣""笔补造化"的诗歌创作主张，成员之间相互唱和往还，品评借鉴，形成了共同的雄奇险怪的诗风。

作为文学家的韩愈诗文兼擅，特别是古文创作，与柳宗元同为当时文坛盟主，堪称一座时代的高峰；作为思想家的韩愈高擎道统大旗，坚决主张维护正统的儒家思想，排斥佛老；作为教育家的韩愈抗颜为师，一生多次在国子监任职，有着丰富的教育实践，提出的许多教育主张和教育理论对于现代教育仍具有很强的指导性。

总之，韩愈是中国历史上的一个伟大人物，对后世的文学和思想影响巨大而深远。如果把韩愈比作一颗星，他一定是浩瀚无垠的天幕中最闪亮的那一颗，熠熠生辉，光耀千古。

七岁属文

唐代宗大历十二年（777）春，长安城内花团锦簇、暖意融融。

这一年，韩愈十岁。

十岁的小孩虽然不谙世情，却已学会了察言观色。这天，从刚刚下朝归来的哥哥韩会脸上，韩愈看出了几分不祥。大哥脸色阴沉，一言未发。大哥平素不是这样，每次散朝归来，脸上总是洋溢着笑容，进门就会督问韩愈的读书情况，然后逗一下十二郎。韩会夫妇没有子嗣，兄长韩介生有两个儿子，于是将次子韩老成过继给韩会为子。韩老成在家族中排行十二，大家都称呼他十二郎。

"兄长今天怎么了？您看起来好像不开心

啊。"韩愈还是忍不住，小心翼翼地问道。

"你还小，说了你也不懂。大人的事儿不用你操心。记住，好好读书，长大以后才能光耀门楣，报效朝廷。"韩会并未明言。

韩愈的童年非常不幸，三岁时父亲韩仲卿就去世了。韩愈的生母出身卑贱，在父亲去世后改嫁，韩愈的嫡母则在父亲去世之前即已亡故。长兄韩会大了韩愈足足三十岁，自然承担起抚养幼弟的责任。幸而嫂子郑氏对庶出的韩愈视如己出，给了幼年的韩愈许多温暖。

韩会没有告诉韩愈自己被贬之事，对妻子郑氏却必须直言相告："元大人已被抄家。皇上赐元大人自尽，一同被赐死的还有夫人王氏和三个儿子。唉，据说从元大人府里抄出胡椒足足八百石，钟乳五百两，积攒这么多没用的东西，为物所累啊！真不明白元大人的想法。"

韩会的夫人郑氏出身望族，号称荥阳郑氏。郑氏性格贞静柔顺，自嫁入韩氏家中，勤俭持家，待人谦和，处事公允，家中老小无不对郑氏赞叹有加。

郑氏听说宰相元载一家尽被赐死，立刻担心起来："元大人倒台，那些他一手提拔起来的官员是不是都要倒霉？"

韩会听到郑氏的问话，不禁黯然了好一阵儿，然后回答说："正是，有近百人被贬，我是最远的，要去岭南的韶州。"

郑氏劝慰满面愁容的丈夫："夫君，您为官恪尽职守，但知忠心报国，做事不谋私利，我是亲眼所见，料苍天有知，也能看到夫君您是什么样的人。此番遭贬，未必便是坏事，孟子说的'苦其心志，劳其筋骨，饿其体肤，空乏其身，行拂乱其所为'就在眼前，这是天将降大任于夫君啊。"

韩会情不自禁地握住郑氏的手："贬官事小，他日尚可谋东山再起，只是此去岭南，路途遥远，瘴疠之地，恐怕要害你和孩子们吃苦了，我这心里觉得对不住你们娘儿几个啊。"

郑氏柔声对韩会说："夫君不必自责，只要咱们一家人守在一起，没有过不去的坎儿。"

朝廷对于贬谪官员的启程时间有着严格的规定，十日之内，必须出发。韩会叮嘱郑氏："时间非常紧，明日晨起赶紧整理行囊，行李越少越好。"郑氏点点头。

翌日清晨，郑氏开始指挥家里的仆人打点行装，很快家里就乱作一团。

年幼的韩老成听说要出远门，欢呼跳跃，大声喊着："要远行喽！要远行喽！"韩愈则从兄嫂悲戚愁怨的脸色中分明看出，这次远行注定不是一场甜蜜的旅行。

韩会在出城后情不自禁地勒住马，回望长安城，眼神充满留恋。可是赶路要紧，他只能扬起手中的鞭子，策马向前。

韩会固然心怀愤懑，但出城之后，好山好水，豁人眼眸，心情自然也舒畅了几分。韩愈和韩老成两个小孩更是雀跃不已，所看到的听到的，无不感觉新奇。

每到一处，韩会都会让韩愈大声朗诵与当地相关的诗文。

这一日，韩会一行来到襄阳，韩会便让韩愈朗诵王维的《汉江临眺》。韩愈朗声诵道："楚塞三湘接，荆门九派通。江流天地外，山色有无中。

郡邑浮前浦，波澜动远空。襄阳好风日，留醉与山翁。"

韩会又让韩愈背诵孟浩然的《岁暮归南山》，韩愈刚要开口，韩老成大声喊道："父亲，这个我会，这个我会。"于是韩会说："好，这首诗就让十二郎来朗诵。"韩老成操着稚嫩的嗓音朗诵了一遍《岁暮归南山》，当韩老成念出"不才明主弃，多病故人疏"两句时，韩会心头不禁一阵酸楚，潸然泪下。

韩会一行特意取道武昌，因为他们的父亲韩仲卿曾经担任武昌令，因政绩卓著，继任县令和县内乡贤为他立了一块"去思颂碑"，并且请到大诗人李白撰写碑文。

碑立在龟山之巅。寻到这块去思颂碑，韩会将备好的清酌时馐摆在碑前，点燃香烛，又把纸钱焚化。韩会扑通一声跪下，家人见状也随着跪倒。韩会朗声读了一遍碑文，山风阵阵，江水滔滔，却掩不住韩会那激越悲慨之声。

祝祷一番之后，韩会站起身斟满一碗清酒，慎重地洒于碑前。

年幼的韩老成一脸懵懂，祭拜之后还跟在韩愈的屁股后面追问："小叔，小叔，爷爷的墓碑不是在河阳老家吗？为什么这里还有爷爷的墓碑啊？"

韩愈支支吾吾解释不清楚，却仿佛感受到了父亲为官一任、造福一方的人格魅力。

小小的韩愈在心底暗下决心：自己也要做一个像父亲一样清正廉洁的好官，也要让百姓为自己立一座碑。

韩会拍了拍韩老成的后背，正色道："这叫去思颂碑，也叫遗爱碑。爷爷担任武昌令的时候，政绩卓著，在他离职的时候，当地百姓为了纪念他立了这块碑。这篇碑文是大诗人李白写的，你平时背了不少李白的诗篇吧？李白写的那首《黄鹤楼送孟浩然之广陵》你会背吗？"

韩老成马上应道："会背，会背。故人西辞黄鹤楼，烟花三月下扬州。孤帆远影碧空尽，唯见长江天际流。"

韩会颇觉欣慰，对大家说道："黄鹤楼近在眼前，我们登楼一观，然后继续赶路。"

一家人登上黄鹤楼，清风拂面，舒爽宜人，极

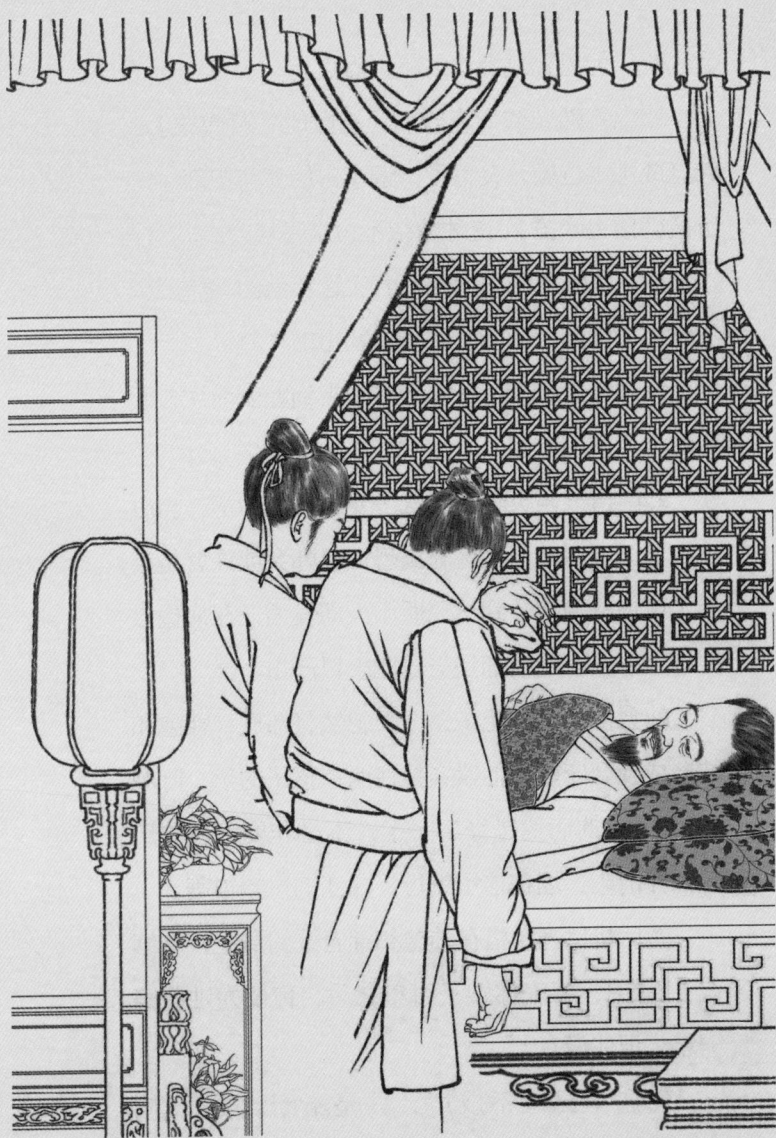

韩会自知时日无多，一天忽然将郑氏、韩愈和韩老成唤至床前。

目远眺，但见鹦鹉洲头，帆影点点。

韩愈和韩老成大声吟诵了崔颢的《黄鹤楼》，韩老成嫌不过瘾，又背了一遍李白的《与史郎中钦听黄鹤楼上吹笛》，这才依依不舍地下楼。

这一路饱览名山大川，着实让年幼的韩愈开阔了眼界，涤荡了心胸，感慨造物主的神奇。

经过长途跋涉，一家人终于来到贬所曲江，韶州的治所就在这里。

岭南道气候炎热、天气多变，加之瘴疠，当时的人们无不对岭南地区充满恐惧。韩会或许就是染上了可怕的瘴疠，到达贬所不久即发病，在病榻上缠绵了多日，病情却是一日比一日严重。

韩会自知时日无多，一天忽然将郑氏、韩愈和韩老成唤至床前。他紧紧拉住两个孩子的手，叮嘱郑氏："我的病怕是好不了了，不必非要将我的尸骸归葬河阳，埋在这里就行，曲江的风景很美。"

然后将目光定格在韩愈和韩老成的身上，继续说："愈弟，将来你嫂子百年之后，你要为她服丧一年，记住没有？"

韩愈早已泣不成声，只是不断点头："呜

呜……呜呜……大哥……我记住了。"

当夜，韩会溘然长逝，享年四十二岁。

按照当时的礼仪，小叔子并不需要为嫂子服丧，只有对长辈如祖父母、伯叔父母、未嫁的姑母等，平辈如兄弟、姐妹才要求服丧一年。韩会在临死之前让韩愈为嫂子服丧的要求，其实是将年幼的弟弟托付给妻子，希望妻子能够照顾好韩愈。

韩会之死对这个大家庭几乎是毁灭性的打击。总不能当真让丈夫埋骨他乡吧，抹去泪水的郑氏再一次展现出她的坚韧和顽强，她率领一家人坚定地踏上了返回故乡河阳的路程。

回到故乡河阳，安葬了韩会，郑氏大病一场。

待到病愈，思念亡夫的痛苦也稍微减轻了一些。郑氏将全部心思都放在督促韩愈读书以及照顾年幼的韩老成身上。

韩会之死带给这个家庭的巨大伤痛稍稍平复，安定的生活持续不到三年，就再次被打乱了。

安史之乱后，藩镇拥兵自重、尾大不掉，唐王朝的统治力量已呈衰颓之势，特别是河朔藩镇专横跋扈，不服从朝廷管束。唐德宗上台后锐意进取，着手削藩，开始对河北藩镇大规模用兵。恒冀节度使王武俊、幽州节度使朱滔、魏博节度使田悦、淄青节度使李纳相互勾结，发动反对朝廷的叛乱，史称"四镇之乱"。

郑氏目睹兵乱，生恐灾祸降临到这个已经弱不禁风的小家庭，决定举家避乱宣州（今安徽宣城），因为韩家在宣州尚有祖业留存。

在移家宣州的一路上，韩愈不仅懂得照顾侄儿韩老成，还每日带他一起读书。

宣州虽有田宅祖业，奈何一家人坐吃山空，生活日渐拮据。郑氏克勤克俭，每日纺绩刺绣，贴补家用，她将所有希望都寄托在韩愈和韩老成身上，时时鼓励督促他们叔侄俩勤奋读书。

十五岁的韩愈正是读书的好年纪，经史百家，无不涉猎。韩愈最喜欢读的还是《孟子》，因为《孟子》的文章气势磅礴，语言明白晓畅，往往以生活常理取譬，善于说理，长于论辩，感情强烈，笔带锋芒。

韩愈记忆力十分惊人，可以大段大段地背诵《孟子》。闲暇时，韩愈带着韩老成一起爬敬亭山，登北望楼（即谢朓楼）。

这天叔侄俩完成功课后，又去登北望楼。

韩老成一路小跑，率先登楼，他朝着落在后面的韩愈喊道："叔叔，叔叔，这次又是我赢了。"随后是一阵纯真的笑声。

过了一会儿，韩愈也来到韩老成面前，俩人对视了一下，然后异口同声："开始。"两个人便同时开口："弃我去者，昨日之日不可留；乱我心者，今日之日多烦忧。长风万里送秋雁，对此可以酣高楼……"

每次登上北望楼，叔侄俩都会高声吟诵李白的那首《宣州谢朓楼饯别校书叔云》。

一天午后，阳光温暖地照进房间，郑氏手里忙着刺绣的活计，眼睛则望向韩愈和韩老成，韩愈正带韩老成练习写字。两个小孩儿写累了，便玩闹起来，弄得鼻尖上都是墨汁。

一会儿韩老成扑向郑氏的怀抱，嘴里喊着："母亲，你看小叔欺负我，快救救我。"

郑氏放下手中的针线活儿，眼睛忽然就湿润了，看看韩老成，再看看韩愈，凄然说道："唉，韩家两代，就剩下你们叔侄俩了。"多年之后韩愈对郑氏的这句话依然记忆犹新，将这句话写进《祭十二郎文》中。

值得庆幸的是，韩愈读书刻苦勤奋，写得一手好文章，其古文创作纵横捭阖、气韵充沛，深得《孟子》之精髓。

从建中三年（782）韩愈举家避乱宣州，到贞元二年（786）韩愈只身赴长安求仕，这一段时间生活相对安定，也是韩愈读书最有进益的一个阶段。

贞元二年（786），十九岁的韩愈已经饱读诗书，他不仅要改变生活现状，更要肩负起恢复家族往日荣光的神圣使命，于是打点行囊，一路向西。

他的目标只有一个，就是京城长安。

擢第春官

    寒窗苦读，为的就是金榜题名。可是临到出发前的那一刻，郑氏还是忍不住落下泪来。

    韩愈安慰嫂子道："嫂子，您放心吧，我此去京城一定能够考中，等我当上大官，拿了国家俸禄，就把您接过去，我给您养老。"

    郑氏抹了一把眼泪，笑着说："愈儿，嫂子当然盼望着你能高中，当大官。可是你从未一个人出过这么远的门，在外面一定要小心，万不可与人争执。这是家里全部的银两，你都带上，别太委屈了自己。"

    说着郑氏将银两递给韩愈。

    韩愈接过沉甸甸的银两，内心深深地感动，嫂子的这份深情厚爱如何才能回报？唯有考中进士，吃上国家俸禄，才能报答兄嫂的恩德，才能改变家族的命运。

在进京途中，韩愈经过河中府（今山西永济），眺望中条山，但见条山莽莽，黄河滔滔，不禁诗兴大发，写下一首《条山苍》：

条山苍，河水黄。浪波沄沄去，松柏在山冈。

韩愈来到河中府，是希望通过从兄韩弇（yǎn）的关系拜见当时的著名战将浑瑊（jiān），可惜朝廷与吐蕃的战事正紧，韩愈扑了个空。

干谒不成，来到京城以后的韩愈遂将全部精力放在备考上。然而命运弄人，贞元三年（787）韩愈第一次应进士试，名落孙山。

韩愈在皇榜上一个一个名字地查找，直到最后一个，依然没有自己的名字。那一刻，痛苦、焦灼、愤懑、耻辱甚至绝望，各种情绪一齐涌上心头。

最要命的是，从家里带来的盘缠即将耗尽，衣食无着，生计困窘，这可如何是好呢？韩愈此刻陷入了迷惘。

关于京城生活之艰难，在唐代张固所著《幽闲鼓吹》中记载了这样一个典故：白居易初到长安应举，带着自己的诗作去拜见当时的著名文人顾况。

顾况看到"白居易"这个名字，盯着白居易上上下下打量了半天，悠悠地说了一句："年轻人，京城的米价很贵，想要白住，恐怕不容易啊！"

然后浏览白居易的诗作，当他看到"离离原上草，一岁一枯荣。野火烧不尽，春风吹又生"这样的诗句，立刻改了口吻，赞道："能写出这么俊秀的诗句，想在京城住下来倒也不是什么难事。"

白居易由此声名大振。

韩愈一直期望借堂兄韩弇的关系拜见一些高级官员，通过他们的推荐进而获取社会名望，不幸的是，噩耗传来，韩弇在平凉劫盟中被吐蕃人杀害。韩愈此时已如涸辙之鲋，这个消息对他而言如同晴天霹雳。

正所谓"山重水复疑无路，柳暗花明又一村"，

　　这一天已是黄昏时分，韩愈来到王府大门附近，果然看到前面有
士兵开道，后面一个将军模样的长者骑着高头大马。

在这个紧要关头，韩愈抓住了一根救命稻草。他得知北平郡王马燧因在平凉劫盟中判断严重失误，被罢去兵权，以司徒兼侍中的闲职身份在京城养老。韩愈几次去王府登门求见，皆被侍卫挡在门外，于是他就守候在王府大门附近，希望能够邂逅马燧，拦马求见。

这一天已是黄昏时分，韩愈来到王府大门附近，果然看到前面有士兵开道，后面一个将军模样的长者骑着高头大马。韩愈猜想那长者必是北平郡王马燧，于是拦住马头，高声喊道："故殿中侍御史韩弇从弟韩愈拜见王爷！"

旁边的卫士赶上前来，正要抓住韩愈，马燧勒住缰绳问道："你是何人？再说一遍。"

韩愈赶紧说明自己的身份。马燧闻言，忙喝止卫士，然后下马，和颜悦色地将地上的韩愈搀扶起来，命他随自己一同进府。

马燧曾担任河东节度使，在平定藩镇的战争中立下赫赫战功。后力主与吐蕃结盟，没想到会被吐蕃军队劫盟。这次事件中，唐朝将领官员六十多名被吐蕃劫持。德宗大怒，遂夺了马燧的兵权，仅让其以闲职在京师奉朝请而已。

劫盟事件的发生，与马燧的判断失误有极大的关系。也许正是出于对韩愈的这份歉意，马燧才会将韩愈带进王府。

马燧看着韩愈清瘦的面庞，心生怜悯，立即命人准备了晚饭。韩愈也顾不得那么多礼数了，狼吞虎咽吃了好几碗饭。马燧又命人带韩愈洗了个澡，找了一身干净衣裳，这才坐定说话。

马燧看着眼前这个年轻人，虽然面容稚嫩，眉间自有一股英气，于是问道："你敢来京城应试，想必书读得还不错吧？"

韩愈立刻回答说："儒家经典，自幼成诵，进士科所要考的诗赋、帖经、策论也都谙熟。"

马燧虽是武将，却也自幼博览群书，他十分欣赏韩愈，也是有意帮助韩愈，遂对韩愈说："恕我冒昧，犬子读书正乏名师指点，不知你愿不愿意留在府内教导犬子？"

韩愈当然求之不得，赶忙站起身，躬身施礼道："多谢王爷，我每日就是读书备考，能够与令郎一起读书，荣幸之至。"

马燧的安排不可谓不妥帖，这样既照顾了韩愈，还考虑到韩愈的心理感受。有了这样一份差事，韩愈可以在京城安定下来，从容备考。

从贞元三年（787）初应进士试不中，一直到贞元八年（792），韩愈第四次应进士试，才终于登进士第。虽未能做到一战而霸，也算差强人意。唐代有"三十老明经，五十少进士"的说法，韩愈登第时年仅二十五岁，算是很年轻了。

唐德宗贞元八年（792）这次考试，除了韩愈之外，还有欧阳詹、李观、李绛、崔群、王涯、冯宿、庾承宣等共二十三人同榜，皆为天下名士，当时被称为"龙虎榜"。后来李绛、崔群、王涯皆官至宰相，李观与韩愈的文章水平不相上下。同榜进士互称"同年"，这些人后来几乎都成为韩愈政治上或文学上的同盟。

毫无疑问，贞元八年"龙虎榜"上最有名的，当属韩愈。

韩愈高中，孟郊不幸落第。但孟郊由衷替韩愈感到高兴，自从来到京城，韩愈就对孟郊颇有好感，两人诗风相似，惺惺相惜，大有相见恨晚之意。韩愈回到寓所，孟郊已经在等候他。

孟郊比韩愈大十八岁，很有大哥风范，他对韩愈说："恭喜贤弟高中，今天我是来蹭你的酒喝的。"

韩愈知道孟郊不开心，正好解劝一下他，便赶紧应道："小弟今年侥幸得中，兄下一届必然也能高中。走，今日我与兄不醉不归。"

说罢，二人携手来到街头一家常去的小酒馆，要了酒肉，三杯酒下肚，孟郊说道："我盘缠已经耗尽，打算先离开京城一段时间，来年再战。"

韩愈则安慰道："东野兄的文采，我是深知的，期待兄明年登皇榜传捷报。另外，中了进士又怎样，后面的博学宏词科试还不知能否通过呢……"

在长安应考期间，韩愈曾于贞元六年（790）返回宣城与卢氏完婚。卢氏出身望族，祖上为范阳卢氏。

唐代的结婚仪式都在晚上举行。结婚当天晚上，乐队一路上吹吹打打，迎亲的花轿将新娘子接到家中，饮了合卺酒，诵罢却扇诗，仪式就算完毕。韩愈看到卢氏容颜娇美，光彩照人，特别是一双眼睛秋波流转，顾盼生辉。韩愈情不自禁地拉着卢氏的手："娘子，我韩愈何德何能，竟能与你这样优秀的女子结为连理，实在是感谢上苍。"

卢氏看到韩愈也是温文尔雅，一表人才，内心欢喜，便说道："夫君，这是我的幸运。妾身失去了父亲，却得到了夫君。要是父亲能看到这一刻该多好啊。"

韩愈之前也听说了卢氏的父亲卢贻因为遭河南尹的迫害而死，却并不了解详细经过，于是问道："岳父大人究竟是因何而死，娘子你细细道来。"

于是卢氏将父亲去世的前后经过仔仔细细地讲述了一遍："我父生前担任河南府法曹。河南尹与人有仇，竟然诬陷这个仇人通贼。我父认为不妥，抗颜强谏，河南尹竟然将我父也一并拘捕。虽然最后我父被放了出来，但他实在咽不下这口气，回到家中，他竟然……竟然气得……呕血而亡……"说至此，卢氏已是泣不成声。

韩愈赶紧柔声安慰道："娘子，岳父大人所作所为，实在令人敬佩，我为有这样的岳父感到自豪。娘子莫要悲伤，从今而后，有我韩愈在了，再不会让你受委屈。"

卢氏止住悲声，投入韩愈的怀抱。

考中进士就有了做官的资格，只不过还须通过吏部的博学宏词科考试，才能授官。博学宏词科考试的难度并不亚于考进士，不仅诗赋论议都在考试范围之内，而且请托贿选之风盛行。韩愈第一次参加博学宏词科考试不幸落选。其后，韩愈再贾余勇，又参加了三次博学宏词科考试，皆铩羽而归。

贞元十年（794）的四月、五月，草长莺飞、春风骀荡，可是韩愈却心头怅然。

"不如回河阳给先人扫扫墓吧，同时也可以纾解一下心头的烦闷之情。"韩愈心里想。

回到河阳后，韩愈万没想到的是，竟然遇到了侄儿韩老成扶母柩归葬。这真是冥冥之中天注定。韩愈自三岁成为孤儿，是嫂子将其抚养长大成人。大哥韩会遭贬韶州，命殒岭南，是嫂子力主将韩会归葬河阳，数千里关山迢递，长途跋涉，其中艰辛可以想见。从此以后，韩愈的成长和学习靠的就是这位坚强勇敢的女性。郑氏名义上是韩愈的嫂子，实际上与母亲无异，韩愈痛不欲生。

韩愈率领侄儿韩老成以及从宣城一路赶回来的家人眷属，会同故乡的同宗乡亲将嫂子安葬。

在葬礼上，韩愈涕泪纵横，哽咽地宣读了他自撰的《祭郑夫人文》。

亲人离世，朋友凋零。与韩愈并登"龙虎榜"的同年李观在这一年也不幸去世。李观通过博学宏词科的考试后，担任太子校书郎仅一年即因为体弱多病而英年早逝，享年二十九岁。

在李观患病期间，韩愈曾多次登门看望。

这一天，韩愈再次来到李观的住处，但见昔日神采飞扬的才子李观已经病骨支离，眼神里黯淡无光。

看到韩愈进来，李观很感动，在病床上强自支撑起身体，唤道："退之兄，您又来了……"

韩愈为了安慰李观，告诉他："躺着别动，我为你写了一首诗，你看看怎么样？"

李观接过诗来，低声吟道："天行失其度，阴气来干阳。重云闭白日，炎燠成寒凉。小人但咨怨，君子惟忧伤。饮食为减少，身体岂宁康……劝君善饮食，鸾凤本高翔。"

李观读完，眼里闪烁着晶莹的泪光，哽咽道："鸾凤本高翔，鸾凤本高翔，恐怕我是不行了，未来就看退之兄展翅高飞了……"

从春到秋，李观的病情并未好转，却一日重似一日，在一个晴朗的秋日，传来消息，李观病逝，客死京师。

韩愈悲不自抑，潸然泪下。

安葬的那一天，天高云淡，碧空如洗，才子李观却再也感受不到这美好的秋光，只有身边几位好友陪伴着他。

博陵崔弘礼为他在长安城东门外的庆义乡嵩原买了一块墓地，将其安葬。韩愈则为李观写下也许是他这辈子的第一篇墓志铭《李元宾墓铭》。

贞元十一年（795）春节刚过，千家万户还沉浸在节日的喜庆气氛中，韩愈却郁郁寡欢，丝毫没有心情过节。他一直在构思给当朝宰相写信自荐，渴望通过上书宰相而获得直接任用。

正月二十七日，韩愈写下第一封《上宰相

书》，痴痴地等了十九天，没有任何回音。

　　韩愈提笔写下第二封给宰相的信，情辞哀痛而恳切，动人心魄。依然如泥牛入海，杳无音讯。韩愈并未死心。

　　第二封信呈递上去又经过了二十九天的焦灼等待，韩愈的内心从羞涩、期待，到焦灼、愧赧，再到悔恨、愤懑，各种情绪交织在一起，终于爆发出来，韩愈在一种近乎绝望的心境下写下第三封给宰相的信。此时的韩愈已经心如死灰，不再对宰相能够格外提拔任用自己抱有任何期望，明确指出当朝宰相"今虽不能如周公吐哺捉发，亦宜引而进之，察其所以而去就之，不宜默默而已也"。

　　这最后一封信是对长安城的告别，是给自己这十年最好的青春年华一个交代。

　　韩愈决定离开这个伤心之地，去寻找另一处栖身之所。

幕府辗转

韩愈东归河阳，出潼关，一路行至河阴。

忽然有人在路上高声喝喊："闪开，闪开，都闪开！"

行人纷纷避开，韩愈看到这架势以为是节度使大人的仪仗，也赶紧避到路边。一会儿就见到一队人马走了过来，韩愈心头狐疑，不知这些人究竟是干什么的，便跟其中一个兵士打听。

兵士见他一副读书人的模样，气度不凡，便告诉韩愈："我们是从河阳过来到京城献宝的，看见没？节度使大人派我们将这两只鸟献给当今圣上，一只白乌，一只白鸲鹆（qúyù，俗称八哥），这两只鸟乃祥瑞之物啊。乌鸦和鸲鹆本是寻常物，可是你见过白色的乌鸦吗？你见过白色的鸜鹆吗？"

韩愈远远地看到笼子里的两只鸟羽毛洁白，在笼子里上下翻飞，野性十足，不禁感叹，真是人不如鸟啊。自己饱读诗书，经纶满腹，进士及第，不仅没机会面见天子，就连宰相的门都进不去。

但是面对一个无知的兵士又能说什么呢？韩愈只好敷衍道："果然神异，真是天降祥瑞，好鸟啊好鸟！"

当夜，韩愈抑制不住内心的感慨与愤懑，提笔写下《感二鸟赋》。文章因物寄兴，通过人与鸟的鲜明对比，抒发了人不如鸟的耿耿怨气。

在长安奔波十载，终于回到故乡河阳，虽然未能博得一官半职，毕竟已经考中了进士，虽算不得衣锦还乡，但至少有付出，有收获。韩愈也确实太累了，需要在故乡好好休息一下。虽然从小到大，韩愈并未真正在故乡待过多长时间，但韩愈对故乡的一切并不陌生，反而有一种莫名的亲切感。

乡居生活固然清贫，却也闲适、平静。妻子温暖体贴，韩愈真希望能够在故乡与妻子长相厮守，可是腹中诗书不就白读了吗？终归还是要出去寻找机会，只有寻找更广阔的舞台，才能尽情施展，进而实现自己的人生价值。

这年九月，韩愈离开河阳，奔赴洛阳。洛阳是东都，也是达官贵人汇聚之所，地位不逊色于长安。韩愈选择去洛阳，其实还是渴望能够见到权贵，行干谒之事。在洛阳东五十里的尸乡，韩愈祭拜了田横墓，并撰有《祭田横墓文》。

田横是战国时齐王田氏家族后裔，秦末诸侯自立，田横也曾自立为王，因为不愿归降刘邦，率领着五百人入海，居住在岛上。刘邦派人招抚田横，称"田横来，大者王，小者乃侯耳；不来，且举兵加诛焉"。

田横无奈，带了两名宾客到洛阳见刘邦。行至尸乡，距离洛阳尚有三十里处，田横对宾客说："我当初与刘邦同样称王，如今他已贵为天子，我成为逃亡的罪人，这已是奇耻大辱。况且我烹杀了郦食其，还要与郦食其的弟弟郦商共事一主，就算郦商畏惧天子的诏令不敢对我动手，我就问心无愧了吗？陛下之所以非要见我，我想也不过是想见见我的容貌而已。现在陛下就在洛阳，砍下我的首级，快马奔驰三十里即可到达洛阳城，面容还未变坏，让他看我的首级吧。"

田横说完即横剑自刎。

宾客随使者带着田横的首级呈递给刘邦，刘邦大惊失色，不禁流下眼泪，感叹地说："田横自布衣起兵，兄弟三人相继为王，真是贤人啊！"不仅封两个宾客为都尉，更是以王者之礼厚葬了田横。

埋葬田横之后，两个宾客在田横墓旁掘好墓穴，也自杀了。

消息传回海岛，岛上的五百壮士竟然全部自杀。

韩愈之所以去祭拜田横墓，是因为"田横兄弟能得士也"，司马迁也评价田横说"田横之高节，宾客慕义而从横死，岂非至贤"，而自己给当朝宰相连写了三封信，却收不到一个字的答复，这不是称职宰相的所作所为，因为宰相肩负着发现人才、举荐人才的责任。

韩愈在洛阳待了半年左右的时间，却一无所获。直到第二年，也就是贞元十二年（796），情况才有改观。

这一年拥兵十万之众的宣武节度使李万荣中风，他的儿子李迺想继承父亲的官职。部将邓惟恭与监军使俱文珍密谋抓捕李迺，并械送京师，李迺被杖杀。邓惟恭自此执掌宣武军大权，他认为自己平叛有功，应该接替李万荣担任宣武节度使。没想到皇帝派董晋以宰相的身份担任宣武军节度使、汴州刺史等职。邓惟恭十分恼火，又不敢公开造反。

韩愈被董晋辟为节度掌书记（后来朝廷的正式任命为节度观察推官），随董晋到汴州赴任。

董晋一行只带了随从幕僚大约十几个人，未带兵将，冒着极大的风险赴任。邓惟恭非常不欢迎董晋的到来。董晋一行来到郑州，按理说宣武军应派将吏到此迎接，可是邓惟恭并未派人迎接董晋。大家都劝董晋停下，不要再往前走，否则后果不堪设想。

然而董晋却说："老夫既然奉诏为宣武节度使，就应当遵照圣上的旨意尽快赴任，怎能随意逗留呢？"

就这样，在没有兵将护卫的情况下，董晋一直行至汴州城外。

邓惟恭此时才不得不出城迎接，看到董晋一行来到近前，高声喊道："卑职迎接来迟，请董大人恕罪！"说着作势欲翻身下马。

董晋笑眯眯地说道："邓将军戎装在身，不必拘礼，你在前面带路即可。"

董晋进入汴州城，并未立刻做出人事调整，而是继续让邓惟恭掌管军政要务，汴州的局势因此得以暂时稳定。朝廷担心董晋优柔懦弱，不久又派汝州刺史陆长源到汴州担任御史大夫、行军司马，杨凝为观察判官，杜伦为节度判官，孟叔度为支度营田判官。人员配备整齐，干起事来也得心应手，百姓生活渐趋富足，加上董晋为政谦和宽厚，汴州城一时得以安定下来。

邓惟恭虽然表面上屈从了朝廷的安排，实则心怀叵测。一天夜间，邓惟恭来找大将相里重晏密谋："将军，有些话我憋在心里很久了，只有将军能听懂。我就直接说了，李迺想要接替李万荣节度继续掌控宣武军，是我们勇敢站出来抓捕了李迺，将军更是功不可没，可是朝廷不见丝毫封赏，还派了董晋这只老狐狸来。坦白说，没有我们替朝廷稳住局面，宣武军早就反了。所以宣武军理应由我们控制，节度使也应该是由我来做，现在却派了董晋这个家伙来，我看这个老头一肚子坏水。不知将军怎么想？"

相里重晏是个武将，听了邓惟恭这番话情绪激昂，立刻表示："邓大人，咱们宣武军节度使，您是最合适的人选，莫不如我去杀了这个胖老头。"

邓惟恭忽然伸出食指放在嘴边，示意相里重晏小点声，并向房间门口看去。门口灯火闪耀，似有人影闪过。邓惟恭立刻追了出去，却不见人影。回到房间，邓惟恭说："董晋可杀，但我们须仔细计划。这个老头的防范很严，我们要做得悄无声息，切不可声张。"

相里重晏手下有个小卒，曾因小错遭到相里重晏的重罚，被打得皮开肉绽，一直怀恨在心。他恰巧路过，听到了邓惟恭与相里重晏的密谋，立刻向董晋汇报。

董晋听说以后，知道邓惟恭这个人是不能再用了，决不能再心慈手软，姑息养奸。他当夜去见监军使俱文珍，并对俱文珍说："俱大人，军情紧急，刚才得了密报，邓惟恭与大将相里重晏密谋杀我，想要取代我做宣武军节度使。您看如何处置？"

俱文珍虽是宦官，却对朝廷忠贞不二，听了董晋的话，他并未表现出特别惊愕的神情："当初我与邓惟恭共同擒了李迺，他以为他能当上这个节度使。没想到朝廷却派了相国您来此，他心里自然不服气，这一点早有端倪。我以为他已经死心了，没想到他竟然还是贼心不死。相国大人，您不必惊慌，我有亲兵一千，立刻派人把邓惟恭擒了，咱们坐下喝茶。"于是，命人煎茶。

饶是董晋见多识广，也没有俱文珍这般淡定，心下不禁暗暗钦佩。

果然，谈笑间，即有亲兵将邓惟恭绑了进来。董晋一颗悬着的心才算落了地。

擒了邓惟恭，宣武军这才算彻底平息。

次日，董晋命人来请韩愈，在青门之外摆下酒宴，原来是给监军使俱文珍押解邓惟恭进京饯行。董晋满面春风，对韩愈说："退之，今天是为监军俱大人送行，你写首诗助助兴吧。"

在汴州，韩愈除了写一些官场文书之外，就是和孟郊、李翱、张籍
这些朋友往来酬赠，诗酒流连。

韩愈奉命作《送汴州监军俱文珍》。后来有人依据这首诗指控韩愈与宦官勾结，依附宦官，这在当时是非常令人鄙夷的一种行为。其实，这首诗前面有长序，交代得很清楚，韩愈纯粹是奉命而作。

汴州的形势终于稳定下来，韩愈将妻子卢氏以及乳母也接到汴州，一家老小生活在一起，日子虽然算不得富足，至少家人团聚，倒也温馨和美。

在汴州前后三年，韩愈除了帮助董晋写一些官场文书之外，其余时间就是和孟郊、李翱、张籍这些朋友往来酬赠，诗酒流连。

贞元十二年（796），已经四十六岁的孟郊终于进士及第，他欣喜若狂，怀着极度兴奋的心情写下那首著名的《登科后》：

昔日龌龊不足夸，今朝放荡思无涯。
春风得意马蹄疾，一日看尽长安花。

贞元十三年（797），孟郊来到汴州依附陆长源，陆长源此时在汴州担任御史大夫、行军司马。孟郊来到汴州，旧友重逢，十分欣喜。

贞元十二年（796），李翱与韩愈订交。这一年，李翱第三度落榜，听说韩愈在汴州任职，便往汴州访韩愈。见面以后，两个人谈文论道，十分相投。

之后，落榜的李翱再到汴州与韩愈相聚，跟随韩愈学习古文，颇有所得。贞元十四年（798），二十五岁的李翱终于考中进士。贞元十六年（800），李翱娶韩愈亡兄韩弇的女儿为妻。由此可见，韩愈不仅赏识李翱的文章，更信赖其人品，故能以家人相托。

张籍，字文昌，行十八，籍贯苏州。贞元十三年（797），孟郊来到汴州依陆长源，估计是孟郊向韩愈推荐了张籍。韩愈一睹张籍的作品，激赏不已，再加上张籍也有排斥佛老的思想倾向，因此二人大有相见恨晚之感。

韩愈对张籍说："文昌兄，你不要走了，就留在汴州吧，我这可以给你安排住处，城西有一间房，虽然不太大，但也干净整洁，想读书便读书，不想读书便来找我饮酒作乐，你我二人朝夕相从，岂不快活？"

张籍便依言留在汴州，他在《寄韩愈》一诗中用"野馆非我室，新居未能安。读书避尘杂，方觉此地闲"这样的诗句来描写这段相对惬意的读书学习时光。

一天，韩愈拿出一副双陆棋，邀请张籍陪他一起博戏。张籍忽然正色道："韩大人，您怎么会喜欢玩这个呢？君子不博，赌博游戏乃市井小人闲极无聊为了打发时间才玩的，既然您排斥佛老，有志于复兴儒学，那就赶紧著书立说啊。您有多少正经事儿要干哩，切不可迷失心志沉溺于博戏之中啊。"

这番话说得韩愈哑口无言，满脸通红。

张籍继续道："您是什么人啊？自扬雄作《法言》至今已近千年，再没人能够言圣人之道，放眼当今天下，您是唯一一个能够使圣人之道复见于大唐时代的人选。时不我待啊，韩大人。"言毕，飘然离去。

回到自己的住处，张籍左思右想，觉得刚才的一番话虽然发自内心，却也不免唐突，经过思考，他认真地写下一封给韩愈的信，即《与韩愈书》。

在信中他详细阐述了自己的观点，并规劝韩愈能戒掉博戏之好。

韩愈当然理解张籍这番话完全出于好心，因此也不以为忤。次年韩愈主持汴州乡贡，首荐张籍。可见，他对张籍的欣赏是发自肺腑的。

张籍得到"首荐"的资格，离开汴州到长安应进士试。贞元十五年（799），张籍登进士第。张籍高中与韩愈的赏识和推荐有很大关系，张籍终生感激。

贞元十四年（798）还有一件喜事，就是夫人卢氏给韩愈生下一个女儿，年逾而立的韩愈终于也有了自己的孩子，这是一件多么开心的事啊。

韩愈的乳母更是笑逐颜开，忙前忙后，一点活儿也不让卢氏干。

韩愈每每劝她："乳娘，您年岁已大，不用这么辛苦，有些事我们自己来做就行。"

可是乳娘总是回答说："不累不累，你看囡囡那么乖巧，我高兴啊。"

然而，快乐总是短暂的，这种安定幸福的生活就被打破。

这年春天，孟郊准备离开汴州，另谋出路，约了李翱一同来跟韩愈辞行。韩愈提议联句赋诗以作纪念。

李翱面露难色，说："两位兄长都是此道高手，在下静观就好。"

韩愈也深知李翱文章固然出色，于诗词却并不擅长，于是微微一笑，道："习之兄写一联就好。"

于是韩愈找出笔墨纸砚，三人在书案前开始联句赋诗。

孟郊的笔力丝毫不逊色于韩愈，拿起笔来，不假思索："别肠车轮转，一日一万周。"

韩愈接了两句："离思春冰泮，澜漫不可收。"

孟郊马上续出下面两句："驰光忽以迫，飞辔谁能留。"

韩愈停下来，将笔递给李翱，对他说："习之兄，可有了么？你来两句吧。"

于是李翱勉为其难，续了两句："取之岂灼灼，此去信悠悠。"

然后孟郊与韩愈二人各逞才思，一直写足四十韵才罢手。

贞元十五年（799）二月三日，宣武军节度使董晋去世。董晋在生病前后反复上书皇帝请求换人，生病以后在给唐德宗的奏折中明确表示：我活着，宣武军暂时还不敢闹事，若是我不在了，后果可能会很严重，趁着现在我还健在，赶紧考虑接替我的人选。

可惜唐德宗并未理会。

董晋一看皇帝不理自己，只能自己安排身后事了。

病重之际，董晋预感汴州将会大乱，将自己的儿子喊到床前，叮嘱他说："我死以后三日必须入殓，成殓后立刻西归，不要在汴州城逗留。"

儿子含泪答应着，董晋终于放心地闭上了双眼。

唐德宗听到董晋去世的消息，不胜哀痛，为之罢朝三日。

三日后，韩愈为报答董晋的知遇之恩，决定和董晋的儿子一起护送董晋的灵柩西归。

董晋真是料事如神。

就在韩愈一行离开汴州城四天以后的二月十一

日，汴州发生兵乱。

董晋死后，由行军司马陆长源主管留后事务。

陆长源扬言："将士们大多松懈怠慢，要用法令严加惩治。"

支度营田判官孟叔度平素为人苛刻，纵情声色，将士们都很看不起他。依照惯例，主帅去世后，要给三军将士发放布帛制作丧服。董晋死后，将士们请求发给丧服。陆长源起初不肯答应，后来军士不断要求，陆长源不得不答允发给相应的钱。孟叔度这边则趁机提高盐价，降低布价，用盐当钱付给军士，结果每人不过得到两三斤盐而已，军士们无不怨恨愤怒。

有人劝告陆长源说，军中发生大的变动，都要犒赏三军，稳定军心才行。

陆长源态度坚决地答复说："我们不是河北那些叛贼，用钱收买健儿来换取节度使的职位。"

军士们心头的愤怒终于爆发，他们揭竿而起，将陆长源、孟叔度等人抓住剁碎，然后分吃掉，片刻之间，骨肉散尽。

就在陆长源被分食的那一天，朝廷的任命到

达，任命他为宣武军节度使。遗憾的是陆长源没能看到任命书。

韩愈一行此时已经行至洛阳附近的偃师，在听到汴州兵乱的消息后韩愈十分担心，因为韩愈的家人此时尚在汴州城内。

幸而，家人在亲戚的帮助下，已经顺利逃离汴州城，投徐州避难。韩愈也在董晋儿子的劝说之下，去寻找自己的家人。

经过二十多天的离散，行程近千里，韩愈终于在徐州城南的符离寻到家人，惊魂未定的一家人再度团聚，都流下了欣慰的泪水。韩愈也顾不得其他，将已经怀有身孕的妻子拥入怀中，不住地说："娘子，对不起，对不起，都是我不好，让你们受委屈了……"

说来凑巧，徐泗濠节度使张建封因为与马燧关系很好，韩愈与张建封在长安城曾有一面之缘。

既然来到徐州，韩愈就去拜见张建封。张建封一看是韩愈来访，很是意外："哎呀，退之兄，是什么风把您给吹来了？快看座。"

韩愈坐下将自己的经历大略讲了一遍，如何应董晋聘，来到汴州，董晋去世以后，汴州旋即发生兵乱，自己如何一路护送董晋灵柩返乡，最后寻找家人来到徐州。

关于汴州兵乱，其实张建封也早已听闻，此番见到韩愈来投，非常真诚地挽留韩愈："退之兄，你不来我还想请你来呢，既然你来到徐州，敢请留下来，帮我料理文书工作吧。"

韩愈正无处可去呢，所谓"打瞌睡就有人送枕头"，于是愉快地接受了张建封的邀请，站起来躬身行礼："感谢张大人收留，那我就恭敬不如从命了。"

从此，韩愈一家留在徐州。

当年秋天，朝廷的辟命下达，韩愈正式成为武宁军节度推官。

张建封颇能礼贤下士，对韩愈十分尊重，可是有一事却令韩愈无法接受。辟命下达次日，在节度使官署内，有一个府中小吏拿着官署中的规章制度给韩愈看。规章多达十多条，其中有一条最令韩愈无法忍受，就是从当年九月到次年二月，韩愈必须每天晨入夜归，除非请病假或事假，否则不得离开官署。

韩愈刚刚接受任命，没好意思提出来，可最终还是无法隐忍，写了一封《上张仆射书》，希望能够灵活安排时间。

张建封喜欢围猎、击球。韩愈曾陪同张建封到野外射猎，回来写了一首非常精彩的《雉带箭》，描写张建封射野雉的场景，穷形尽相，可谓绝妙。

这天早上，新雨过后，空气中夹杂着一股青草与泥土的气味，清新而湿润。张建封派人邀请韩愈观摩他和兵士一起击球。击球即打马球，在唐代十分流行，就连许多皇室成员也痴迷这项运动。

徐州城一角是一块空地，张建封命人筑起一个方圆千步的球场。球场外就是古汴河与泗水汇合之处，城外流水潺潺，蝉鸣阵阵，球场内场地平整，四周彩旗飘飘。

比赛开始。兵士分作两队，张建封带领一队，一位将军率领另外一队，两队开始比赛，但见骏马奔驰，马球飞舞，本该在战场上浴血拼杀的士兵却在球场上展开一场酣战。

当夜，韩愈写下一首《汴泗交流赠张仆射》。韩愈在这首诗中固然描写了打马球的精彩场面，但其真实含意则在讽谏张建封不要痴迷于打马球。诗中最后四句说："此诚习战非为剧，岂若安坐行良图？当今忠臣不可得，公马莫走须杀贼！"

次日，韩愈将此诗献给张建封。张建封读毕，赞不绝口："这首诗写得神采飞动，好诗啊好诗！退之不唯文章好，诗才也如此了得。"看到最后规劝自己那几句也不以为忤，提起笔来居然给韩愈写了一首回赠诗，题目就叫《酬韩校书愈打毬歌》。

在徐州期间，韩愈喜得一子，韩愈对儿子的到来十分欣喜。

卢氏让他给儿子取名，韩愈认真想了一会儿说："我们虽然暂时寄居在这里，但此刻心情甚是舒畅，不如就叫韩昶吧。"

卢氏不住点头："韩昶，韩昶，嗯，这个名字好听。儿子出生在符离，我看小名叫符儿，夫君你看如何？"

韩愈听了不禁颔首称赞，说："嗯，好，就依你，我们符儿大名小名都有了。"

贞元十五年（799）冬，韩愈以徐州从事身份代表张建封到京城长安"朝正"，所谓"朝正"，是一种礼节，外官在正月入京朝见皇帝，一则向皇帝祝贺新年，二则表示对朝廷的忠诚。因为韩愈此行是代表节度使张建封到京城，所到之处颇受优待。

这日，韩愈正在驿馆里闲坐，忽然有人来访，原来是同榜进士欧阳詹。

旧友重逢，不胜感慨。

欧阳詹对韩愈说："退之兄，咱们一晃好几年没见了，总算见面了。你的能力大家都有目共睹，听说你一直辗转幕府，快回京城吧。在幕府写那些不痛不痒的文章，简直就是浪费才华。"

韩愈与欧阳詹二人乃贞元八年（792）"龙虎榜"同榜进士，因为有着大致共同的经历和文学追求，一见如故，相知颇深。

韩愈拉住欧阳詹的手："欧阳兄所言极是，我何尝不想回到京城呢？可京城虽大，无我容身之处啊。你这国子监四门助教干得怎么样？我看你可是又瘦了啊。"

欧阳詹一脸苦笑："退之兄，国子监是个清水衙门，吃不胖的。但是从为国家培养人才的角度看，国子监又是一个重要的部门。不如您来国子监担任博士吧。"

韩愈答道："你我二人皆不是看重俸禄的人，国子监也确实是一个可以发挥我们才干的好地方。可惜啊，纵使这样一个清水衙门也不是我韩愈想来就能来的。"

韩愈完成公务以后回到徐州，内心却已经萌生了退意。他打算在徐州待满一年，即辞别张建封，另谋发展。

贞元十六年（800）四月，李翱来到徐州，娶韩愈亡兄韩弇之女为妻，此时李翱已经考中进士。这样李翱与韩愈之间不仅有师徒之谊，更成为姻亲。韩愈由衷欣赏李翱，觉得这个年轻人前途无量，所以才把自己的侄女嫁给他。

婚礼由韩愈负责操办，虽然不够盛大，却甚是热闹喜庆。

新婚之后没几天，李翱对韩愈说："禀告叔丈大人，娶妻这么大的事，没有在我的老家操办，全赖叔丈大人您一手操办，内心十分惶恐，现在婚礼完成，我想带内子和岳母大人回老家陈留，未知您意下如何？”

韩愈当即回答说：“嗯，娶妻是大事，回趟老家也是应该的，我赞成。”

沉吟了好一阵儿，韩愈又对李翱说：“不如我和你一起走吧，去你老家看一看。这徐州我也不想待下去了。我分析当前形势，此处久留无益，与其困守徐州，不如另谋出路。”

次日，韩愈到节度衙门向张建封辞行。张建封满脸病容，一口答应了。韩愈内心生出一股浓重的悲凉。张建封一生慷慨激昂，功勋卓著，他曾力拒叛将李希烈，为政宽厚而有纲纪，礼贤下士，体恤民情，可以说是一个难得的好官，此时竟忽然就如此衰颓了。

韩愈看到张建封的精神状态不好，就赶紧告退：“这些日子多承张大人照拂，给了在下一个栖身之处，在下非常感激。大人您多保重，在下告退了。”

韩愈辞别张建封，迅速整理了行囊，与李翱两家人一同离开了徐州。一路上呼朋引伴，游山玩水，烦闷之情暂时得以排遣，倒也潇洒快活。

在路上韩愈忽然接到消息说张建封病逝，徐州竟然和汴州一样，在主帅去世后旋即发生兵乱。韩愈两入军幕，两地皆发生兵乱，而韩愈又都幸运地全身而退，思来当真令人心有余悸。

行至陈留，李翱携妻子、岳母留下，韩愈则携家人奔赴洛阳。

阳山之贬

　　失去了幕职，就意味着失去了收入，韩愈一家人的生活再次陷入困顿。

　　可是路在何方？

　　贞元十六年（800）冬，韩愈硬着头皮再次入长安应吏部铨选，期望能获得朝廷重用。次年春天，吏部铨选的结果出来了，孟郊得授溧阳尉，韩愈则落选。

　　当晚，韩愈置酒为孟郊庆祝，韩愈端起酒杯："这一杯衷心祝愿东野兄！"

　　孟郊却并没有当初考中进士的那份春风得意，他苦笑着对韩愈说："退之，你别安慰我了，难道你不知道溧阳尉的职责其实就是缉捕盗贼、维护社会治安吗？让我去干这个，真不知吏部这些官老爷怎么想的。唉，我都五十岁的人了。"说罢，孟郊将杯中酒一饮而尽。

韩愈说："要说，吏部派这个溧阳尉给东野兄确实有点大材小用，但是兄不是还要奉养老母吗？先去赴任，也好积累点任职资历，以后咱再另作他图。"

无可奈何之下，孟郊硬着头皮赴任溧阳。

到了溧阳以后，孟郊将老母接到溧阳，然后写下了那首千古传诵的名篇《慈母吟》。

送别孟郊之后，韩愈再次伤心地离开长安，回到洛阳。

在洛阳闲居期间，处士李愿来访。

李愿对韩愈说："先生文章之名，天下皆知，我也是闻名而来，但我的志向不在仕进，想要归隐，求先生指点。"

韩愈说："人各有志，不能强求。但是既然我们读了圣贤书，还是应该努力追求仕进，为国家、为社会做出我们应有的贡献吧。"

这番话正说到韩愈的痛处，一时竟然无言以对，只好为
李愿斟满酒。

李愿笑了一下，然后说："先生读书可谓勤奋，也努力追求仕进，可结果又怎样呢？依我看啊，那些坐在庙堂之上的达官贵人固然风光无比，不是我辈所能企及的。还有一种人，就是那些整日投机钻营、趋炎附势之徒，奔走于公卿之门，我更做不了。所以我打算做一个穷居而野处的隐士，迹寄人间，心游太清，您说这样不好吗？"

这番话正说到韩愈的痛处，所以一时竟然无言以对，只好为李愿斟满酒，对他说："摆脱人世间的名缰利锁，做一个隐士，啸傲林泉，固然是好。可是天下之大，何处可以容身呢？"

李愿回答说："盘谷啊，就在济源，那个地方非常适宜隐居，幽深僻静，泉水甘冽，土地肥沃，草木丛茂，居民稀少，我已经考察过了。究竟要不要放弃仕进之路，这个问题我已经思考很久了，并不是一时兴起。先生读书多，见闻广博，所以愿意来听听先生的意见。"

韩愈见李愿心志已决，也不便多说什么，便说："你这么年轻，就能如此清醒，我很佩服。"

送走李愿之后，韩愈眼前依然不断闪现出李愿那坚定的眼神，而自己奔波劳碌，求仕而不得，究竟是否也该学李愿归隐林泉呢？带着这样的思考，他走到桌案前写下一篇《送李愿归盘谷序》。这篇文章表面看是送朋友李愿归隐，实则既赞美了李愿不慕荣利、归隐山林的高洁品质，更是借以抒发胸中积蓄已久的愤懑与不平。

太行之阳有盘谷。盘谷之间，泉甘而土肥，草木丛茂，居民鲜少。或曰："谓其环两山之间，故曰'盘'。"或曰："是谷也，宅幽而势阻，隐者之所盘旋。"友人李愿居之。

愿之言曰："人之称大丈夫者，我知之矣：利泽施于人，名声昭于时，坐于庙朝，进退百官，而佐天子出令；其在外，则树旗旄，罗弓矢，武夫前呵，从者塞途，供给之人，各执其物，夹道而疾驰。喜有赏，怒有刑。才畯满前，道古今而誉盛德，入耳而不烦。曲眉丰颊，清声而便体，秀外而惠中，飘轻裾，翳长袖，粉白黛绿者，列屋而闲居，妒宠而负恃，争妍而取怜。大丈夫之遇知于天子，用力于当世者之所为也。吾非恶此而逃之，是有命焉，不可幸而致也。

穷居而野处，升高而望远，坐茂树以终日，濯清泉以自洁。采于山，美可茹；钓于水，鲜可食。起居无时，惟适之安。与其有誉于前，孰若无毁于其后；与其有乐于身，孰若无忧于其心。车服不维，刀锯不加，理乱不知，黜陟不闻。大丈夫不遇于时者之所为也，我则行之。

伺候于公卿之门，奔走于形势之途，足将进而趑趄，口将言而嗫嚅，处秽污而不羞，触刑辟而诛戮，侥幸于万一，老死而后止者，其于为人，贤不肖何如也？"

昌黎韩愈闻其言而壮之，与之酒而为之歌曰："盘之中，维子之宫；盘之土，维子之稼；盘之泉，可濯可沿；盘之阻，谁争子所？窈而深，廓其有容；缭而曲，如往而复。嗟盘之乐兮，乐且无央；虎豹远迹兮，蛟龙遁藏；鬼神守护兮，呵禁不祥。饮且食兮寿而康，无不足兮奚所望！膏吾车兮秣吾马，从子于盘兮，终吾生以徜徉！"

李愿归隐盘谷，韩愈撰文以送之，内心确实也有艳羡的成分。然而韩愈最终也未走向归隐，而是积极谋求入仕。

韩愈追求的从来不是鲜衣怒马、玉盘珍馐。他在《与卫中行书》中曾明确表达过自己对官位与财富的看法："始相识时，方甚贫，衣食于人。其后相见于汴、徐二州，仆皆为之从事，日月有所入，比之前时丰约百倍，足下视吾饮食衣服亦有异乎？然则仆之心或不为此汲汲也，其所不忘于仕进者，亦将小行乎其志耳。"

这段话的意思是：我们初相识时，你看我吃的穿的都仰仗别人的施舍；后来我到汴州、徐州做了幕僚，每月有一定的俸禄收入，与之前相比改善了大约一百倍，可是您看我的饮食穿戴有什么不同吗？

韩愈的追求从来不是饮食衣服这些外在的东西，而是行乎其志。

唐代的洛阳是仅次于长安的繁华都会，不仅达官贵人云集，更是文人荟萃之所。韩愈没有官职，闲居在此，在这段时间里结交了许多文友，也写下不少好的作品，比如那首著名的《山石》。

贞元十七年（801）三月或更早，韩愈与贾岛相识并订交。

说到韩愈和贾岛，许多人首先想到的就是"推敲"的典故。

话说贾岛进京赴举，在驴背上想到"鸟宿池边树，僧敲月下门"这两句诗，一时间却又不能确定用"推"字好还是用"敲"字好。于是他一边低声吟诵这两句诗，一边伸出手反复做出"推"和"敲"的动作，惹得路人纷纷指点，正在凝神思考之际，无意间冲撞了京兆尹韩愈的仪仗队。左右将贾岛拥至韩愈马前，韩愈就问他："年轻人，你为何闯入我的仪仗之中？"

贾岛如实回答："禀告大人，在下刚才正在想两句诗，苦思冥想，有一字未安，没想到冲撞了大人的仪仗，实在是罪该万死，尚祈赎罪！"

韩愈听了这两句诗之后，思考良久，才说："还是'敲'字比较稳妥。"

"推敲"的故事流传颇广，为许多人所津津乐道，实则并无其事。但贾岛作为韩门弟子，受到韩愈的大力提携则是事实。

　　贞元十七年（801）七月二十二日这天，朋友侯喜、李景兴、尉迟汾等人约韩愈一起去洛水钓鱼，然后游宿惠林寺。韩愈是一个钓鱼迷，听说要去钓鱼立刻放下手中书，兴冲冲地准备渔具，然后和几位朋友一同骑马出城，来到洛水边垂钓。几个人一直坚守到黄昏，竟然只钓上来一条一寸长的小鱼。

　　韩愈有些失望，对侯喜说："唉，怪只怪这洛水太浅了，只有虾和水蛭这样的东西，真正的大鱼怎么会在这里呢？一定是栖息在那深水之中啊。"

　　侯喜听了，报以苦笑："退之兄这番话甚有哲理，受教受教，这趟总算没有白来啊。"

　　既然钓鱼没有什么收获，那就访惠林寺吧。

　　几个人来到惠林寺。寺里老僧看韩愈一行都是读书人，便告诉他们寺里的壁画值得一看。几个人在老僧的带领下，点燃火把认真欣赏了寺里的壁画。遗憾的是寺庙年久失修，加之火把照明亮度不够，壁画暗淡模糊，看不太清楚。

当晚，用罢斋饭，月华如练，韩愈久未成寐。

回到城里，韩愈将这趟出城钓鱼洛水、夜宿山寺以及心头的万般感慨形诸笔墨，分别写成了两首诗，一首是谈钓鱼的《赠侯喜》，另一首就是著名的《山石》：

> 山石荦确行径微，黄昏到寺蝙蝠飞。
>
> 升堂坐阶新雨足，芭蕉叶大支子肥。
>
> 僧言古壁佛画好，以火来照所见稀。
>
> 铺床拂席置羹饭，疏粝亦足饱我饥。
>
> 夜深静卧百虫绝，清月出岭光入扉。
>
> 天明独去无道路，出入高下穷烟霏。
>
> 山红涧碧纷烂漫，时见松枥皆十围。
>
> 当流赤足蹋涧石，水声激激风吹衣。
>
> 人生如此自可乐，岂必局束为人靰。
>
> 嗟哉吾党二三子，安得至老不更归。

命运终于再次垂青韩愈。

贞元十七年（801）秋冬之季，韩愈再次入京参加选官，在祠部员外郎陆傪的推荐下，得授四门博士之职。

令人伤心的是，韩愈进京任职不久，才四十多岁的欧阳詹竟然病故了。消息传来，韩愈失声痛哭，泪如雨下。韩愈与欧阳詹相交甚深，在祭拜了故人的亡灵之后，得知已经请李翱为之作传，于是连夜写下一篇《欧阳生哀辞》以寄托哀思。

贞元十八年（802），中书舍人权德舆典贡举，陆傪辅佐他参与选拔录用人才。韩愈写了一封给陆傪的推荐信《与祠部陆员外书》，信中推荐了侯喜、侯云长、刘述古、韦群玉、李绅、李翱等共计十人。

贞元十八年（802），孟郊到京城办理公务，处理完公务之后，立刻来访韩愈。韩愈看到孟郊那瘦弱而憔悴的面庞，立刻将孟郊带到一个小酒馆，坐定以后，跟店小二要了酒肉，韩愈边斟酒边说："东野兄好久不见，怎么消瘦了许多？"

二人满饮一杯后，韩愈问道："快说说，兄在溧阳那边过得怎么样？"

孟郊一脸惆怅："唉，一言难尽啊。"

全家人在京城再得团聚，无不笑逐颜开。

两年前，五十岁的孟郊被选为溧阳尉，孟郊虽然并不满意这个官职，但为了奉养母亲，只得赴任。因为内心不满，孟郊严重缺乏工作热情，成天流连于投金濑、平陵城等城外景色优美之处，徘徊赋诗，以至于曹务废弛。

溧阳县令十分看不惯孟郊的所作所为，将孟郊的情况上报给上级政府，并安排人接替了孟郊的工作。孟郊空担了县尉的虚名，可是须分一半的俸禄给代替他干活的人。县尉的俸禄本就不高，这样孟郊的生活就变得更加拮据了。

孟郊一边诉说一边饮酒，所谓酒入愁肠，很快就喝多了，二人喝至酩酊大醉，才各自回到住所。

次日，韩愈酒醒，深深地为孟郊鸣不平，于是挥笔写下一篇《送孟东野序》。在这篇文章中韩愈明确提出了"大凡物不得其平则鸣"的重要文艺观点。

送别孟郊，韩愈便请假回洛阳接取家小到京城一同居住。

全家人在京城再得团聚，无不笑逐颜开。卢氏是第一次到长安，笑意盈盈地抱着女儿东瞅西看。四岁的儿子长高不少，乐颠颠地跟在爹爹屁股后头一直问东问西，一会儿问："爹爹，长安和洛阳哪个更大？"一会儿又问："爹爹，你能见到皇上吗？"一会儿又说："爹爹，下次你去钓鱼带着我行不行？我保证不给你捣乱。"

乳娘李氏更是倍觉欣慰，感慨万千，自己抚育长大的孩子竟然这么有出息，将自己接到京城居住，这是一种巨大的荣光，不住口地赞叹："愈儿是真有出息啊，老太婆我算是跟着沾光喽！"

回到京城，韩愈每天教书授课，业余时间便读书写文章。四门博士的职位说来好听，但薪水不高。韩愈只有三十五岁，居然就两鬓斑白、牙齿脱落，更可怕的是视力下降得厉害，看不清东西。但这都不妨碍韩愈殷切教导那些登门拜访的青年学子。

当时社会上有一种非常不好的风气，就是人人都耻于求师，结果就是师道大坏，韩愈目睹这种情形十分不满，不顾流俗，抗颜为师。对于年轻学子的请教，他总是循循善诱，不厌其烦，恪尽师道。

这天，年轻人李蟠又来到韩愈的住处请教：

"先生，您说孔子周游列国，始终未获重用，孟子也曾游说齐宋，他们的思想主张不可谓不先进，在当时为何都没有能够得到君主的信赖而得以实施呢？"

韩愈非常欣赏眼前这个好学深思的年轻人，他告诉李蟠："孔子的思想核心就是仁和礼，主张德治与礼治，他的思想主张固然先进，却无法化解当时王室衰微、诸侯纷争的困境。孟子继承发展了孔子的德治思想，他提出的仁政思想与民本思想都是正确的，只是因为礼崩乐坏，不适用于那个风云变幻的时代。"

李蟠点头称是。

韩愈又补充道："可是我们读书人不能选择趋时媚俗，要立鸿鹄之志，养浩然之气，方可成就不朽之业。孔子所言'知其不可而为之'，说的就是这个道理。"

李蟠又问道："先生，还有一事我想不通。我身边有许多人的学问并没有多好，却耻于从师问道，这究竟是为什么呢？一个人不论学问大小，总有不足之处，向人请教不是天经地义的事吗？"

韩愈欣慰地一笑，说道："你能明白这个道理，甚好。这个世上没有谁能生而知之，每个人都会有困惑，只有从师请教，才能消除困惑。不论是谁，不论贵贱，不论长幼，只要他比我懂得多就可以做我的老师。而且，你要明白，弟子不必不如师，师不必贤于弟子，只要他在某个方面强于我们，他就是我们的老师。所以樊迟学稼于孔子，孔子回答说'吾不如老农'，樊迟请学为圃于孔子，孔子又说'吾不如老圃'。这就叫'闻道有先后，术业有专攻'。"

李蟠听完，若有所思，然后以一种十分坚定的语气说："先生说得太对了，我明白了。从师问道并不可耻，有了疑惑却不请教别人，导致自己的学问没有长进，这才是可耻的。"

韩愈说道："正是如此。"望向李蟠的目光里充满了欣赏与期待之情。

李蟠告辞之后，韩愈走到桌案前，写下一篇《师说》送给李蟠。

古之学者必有师。师者，所以传道受业解

惑也。人非生而知之者，孰能无惑？惑而不从师，其为惑也，终不解矣。生乎吾前，其闻道也固先乎吾，吾从而师之；生乎吾后，其闻道也亦先乎吾，吾从而师之。吾师道也，夫庸知其年之先后生于吾乎？是故无贵无贱，无长无少，道之所存，师之所存也。

嗟乎！师道之不传也久矣！欲人之无惑也难矣！古之圣人，其出人也远矣，犹且从师而问焉；今之众人，其下圣人也亦远矣，而耻学于师。是故圣益圣，愚益愚。圣人之所以为圣，愚人之所以为愚，其皆出于此乎？爱其子，择师而教之；于其身也，则耻师焉，惑矣。彼童子之师，授之书而习其句读者，非吾所谓传其道解其惑者也。句读之不知，惑之不解，或师焉，或不焉，小学而大遗，吾未见其明也。巫医乐师百工之人，不耻相师。士大夫之族，曰师曰弟子云者，则群聚而笑之。问之，则曰："彼与彼年相若也，道相似也，位卑则足羞，官盛则近谀。"呜呼！师道之不复，可知矣。巫医乐师百工之人，君子不齿，今其智乃反不能及，其可怪也欤！

圣人无常师。孔子师郯子、苌弘、师襄、老聃。郯子之徒，其贤不及孔子。孔子曰：三人行，则必有我师。是故弟子不必不如师，师不必贤于弟子，闻道有先后，术业有专攻，如是而已。

李氏子蟠，年十七，好古文，六艺经传皆通习之，不拘于时，学于余。余嘉其能行古道，作《师说》以贻之。

贞元十九年（803），韩愈担任四门博士已满两年，按常理可以改任新职。然而旧职已罢，新的朝廷任命却迟迟不下，韩愈心头十分烦闷。

这一日天气闷热，韩愈心绪颇不宁静，书也读不下去，只在书房内端坐品茶，忽然听到门外一阵急促的敲门声，一会儿工夫，家仆进来禀报，原来是溧阳孟郊捎来书信。韩愈赶紧打开书信细看，这一看不要紧，泪水立刻涌出眼眶，原来是侄儿韩老成病亡。

韩愈与韩老成论名分是叔侄，论情感则与兄弟无异。二人一同长大，长大以后却聚少离多，韩愈心头一直觉得亏欠侄儿，总盼着有一天能够将老成一家也接到京城，一大家子共享天伦之乐，可这些都已注定不可能实现了。

乳娘李氏、妻子卢氏听到韩愈的哭声，都赶紧围拢过来。听说韩老成故去的消息，她们也都忍不住悲声，哭作一团。

乳娘李氏边哭边说："老成那个孩子还不到三十岁，这怎么可能呢……"

卢氏用罗帕拭了拭泪痕，柔声安慰韩愈道："夫君，人死不能复生，身体要紧，不要哭坏了身子，还是考虑一下如何安排侄媳妇她们娘儿几个吧。"

韩愈擦干泪痕，可眼前都是儿时与韩老成在一起玩耍的情景。

次日，韩老成的家仆耿兰也来到京城报丧。耿兰向韩愈一五一十地讲了韩老成一病不起的过程，最后告诉韩愈："因为天气炎热，没办法等大人您回去奔丧，就已经将我家主人入殓了。"

韩愈听着耿兰的汇报，再一次泪流成河。

韩愈想给韩老成写一篇祭文，几次提起笔又搁下，因为想写的内容实在太多，而自己思绪纷乱，一时竟无从下笔。直到听闻老成死讯后的第七天，韩愈终于拿起笔，情感如闸门顿开，一泻千里，挥笔写就满纸血泪、一腔真情的《祭十二郎文》。

贞元十九年（803）秋冬之际，韩愈任四门博士之职届满，迁监察御史。

在唐代，监察御史这个职位品阶并不高，只有正八品下，但是权力很大。唐高宗时有一个叫韦思谦的人担任监察御史后曾说过这样一句话："御史出都，若不动摇山岳，震慑州县，诚旷职耳。"

与四门博士这个学官相比，监察御史权位显赫。这个新的职位对于性情耿直的韩愈而言，确实是一个极佳的去处。

担任监察御史期间，韩愈与刘禹锡、柳宗元等人为同僚，三人相识则在此之前。韩愈提倡古文、排斥佛老，在当时名气很大。三人虽然并非在所有方面都能取得共识，但能够求同存异，友好相处，关系还是很密切的。

贞元十九年（803）年景不好，京师大旱，饿殍满地，韩愈目睹京城百姓妻离子散、伐树拆屋的种种惨状，实在忍无可忍，他决定联合几位同僚上书皇帝。韩愈迅速草拟了一份《御史台上论天旱人饥状》，同僚张署、李方叔与韩愈三人共同签名。

孰料奏疏才呈递上去，旋即遭到贬谪。韩愈看到自己被贬为连州阳山令的那一刻顿时惊呆了。究竟为什么会遭到贬谪？韩愈想不出，他只知道贬谪令下，须即刻上路。

阳山远在岭南，这是韩愈第二次踏上岭南的土地。

与韩愈联合署名的张署也同时被贬，贬地在临武，属郴州，韩愈的贬地在阳山，属连州，二州搭界，二人刚好结伴同赴贬所。

出京城，宿南山，过洞庭，渡湘水，抵长沙，南至九嶷山，二人目睹江山胜景，一路上你唱我和，写下许多诗篇，虽是苦中作乐，却也是笑对磨难的一种态度。

二人到了郴州境，先拜会了郴州刺史李伯康，李伯康对二人非常友好，热情安排晚宴留宿，这让两个贬谪之人感受到了许久未有的温暖。辞别李伯康刺史之后很快就进入临武境，就算是张署的地盘了。到了县城，张署安排韩愈住下。

次日晨起，张署置酒给韩愈饯行："退之，连州郴州山水相连，阳山就在前路不远了，你我兄弟二人就此别过，必有再见之日。"

韩愈举起酒杯："好，张兄，我们今日就此别过，他日再谋会面。兄多保重！"二人把盏而别。

韩愈辞别张署，先到连州治所桂阳，此处距阳山尚有一百七十四里路程，需要乘舟前往。

历经两个月的长途跋涉，韩愈终于到达距离京师三千八百余里的贬所阳山县。此时已是贞元二十年（804）的春天。

唐代岭南地区尚未得到充分开发，不够开化。

韩愈到达贬所，迎接他的是一个当地的县吏，县吏倒是很热情，指手画脚地说了半天，韩愈一头雾水，基本没听懂他的话。

最后韩愈挠挠脑袋，对县吏说："抱歉抱歉，咱们语言不通，你说的我实在听不懂，要不然，我们到外面画地为字来交流如何？"

县吏虽然不会说官话，但是能听懂韩愈的官

话，于是俩人来到外面画地为字交流，韩愈这才知道阳山县既没有县尉，也没有县丞，连基本的政府机构都没有建立。

一切都得从头做起。幸而县吏挺能干，在他的协助之下，很快就将县衙的具体办事人员配备齐全。经过大约半年的治理，阳山县逐渐发展成为生产、生活井然有序的安定祥和之地。以韩愈的执政能力，治理一个小小的县域实在是牛刀小试。况且阳山地理位置偏僻，人口不多，政务也不多，韩愈在为政之余有大把时间读书、垂钓、出游，以及和朋友诗酒唱和。

韩愈在阳山大力提倡文教，加之韩愈的文名天下皆知，远近的学子都来投奔他，从他学习。

一天，忽然有客来访，韩愈一看，是一个仪表堂堂的小伙子，小伙子自我介绍道："韩大人，在下名叫区册，久闻先生大名，希望从先生学习。"

韩愈和颜悦色地问道："请坐，敢问你从哪儿来啊？"

区册朗声答道："禀韩大人，在下是南海人氏，从南海划船而来。"

韩愈问了区册的家庭情况，又问他都读过什么书，区册一一作答。

经过简单的询问，韩愈发现这个年轻人的言辞思想都不一般，便愉快地将他留下来，不仅教导他读书，还负责其食宿。

除了区册，慕名前来的年轻人还有区弘、窦存亮、刘师命等人。区弘是一个执着、淳朴的少年，为了随韩愈问学，竟然抛下发妻老母一路追随韩愈从阳山到江陵，从江陵又到京城，直到元和元年（806）才南归。

贞元二十一年（805），或者叫永贞元年，中国历史上发生了一件重要的事情，即"永贞革新"，也叫"二王八司马事件"。

这一年正月，唐德宗驾崩，太子李诵即位，即唐顺宗。李诵即位后重用王叔文、王伾等人进行改革。"二王"联合韦执谊、刘禹锡、柳宗元等人，形成了以"二王刘柳"为核心的革新派势力集团。他们主张加强中央集权，反对宦官专政，改革弊政，积极推行各项革新措施，史称"永贞革新"。

革新运动推行了一些善政，如罢杂税、罢宫

市、罢五坊小儿等，但在宦官俱文珍等反对势力的联合反击下惨遭失败。

顺宗即位时即已患中风，八月不得不传位于太子李纯。顺宗禅让帝位，称太上皇。太子李纯即位，是为宪宗。

宪宗即位后，王叔文被贬为渝州司户，后被赐死。王伾被贬为开州司马，不久病死。韩泰、陈谏、柳宗元、刘禹锡、韩晔、凌准、程异及韦执谊八人先后被贬为边远八州司马。

朝廷的巨大变化，韩愈、张署等贬谪官员虽远在岭南也有所耳闻。朝廷的政局变化与他们个人的命运息息相关，因为新皇帝即位意味着要大赦天下。

直到这一年的夏秋间，韩愈才接到赦令，朝廷命令他待命郴州。

韩愈来到郴州，当初与韩愈一同遭贬的张署也从临武来到郴州待命，二人可谓难兄难弟。旧友重逢，胸中有万千话语要说，竟无从说起，他们端起酒杯，一饮而尽，然后相视大笑。

韩愈邀请张署说："张兄，明天咱们一块儿去钓鱼如何？"

张署爽快地回答说："好！"

张署像是忽然想起什么似的，对韩愈说道："要不咱们还是去叉鱼吧！"

韩愈一听，哈哈一笑，知道张署是在说自己写的那首诗，因为之前自己曾经写过一首《叉鱼》诗寄给张署。

两人次日即到郴州刺史的衙署拜会李伯康，李伯康对两个人十分友好。韩愈在阳山给李伯康寄过当地特产黄柑，李伯康回赠了纸笔。韩愈十分感激李伯康，因为李伯康没有嫌弃他，毕竟李伯康是郴州刺史，而韩愈只是一个遭贬的县令。

韩愈深深一揖："多谢李大人赐纸笔之恩，下官没齿不忘。"

李伯康朗声笑道："哎呀，小事一桩，不足挂齿。我听说了，现在赦令已下，你和张署不日就可以回京了！在我这里不要拘束，需要什么就告诉我，正好多盘桓几日。"

韩愈和张署在郴州待命，虽然没有官务在身，却时刻盼望京城消息，心情并不轻松。大约过了三个月之久，京城的敕命才抵达郴州。在湖南观察使杨凭的干预下，韩愈任江陵府法曹参军，张署任江陵府功曹参军。满心指望可以回到京城，却是改官江陵，二人对湖南观察使杨凭的操控十分不满，却也无可奈何。

这年中秋节，韩愈与张署在一起饮酒赏月。席间，张署说："退之你说说看，这个杨观察使究竟是何居心，何苦如此为难咱们？"

韩愈叹了口气说："这已经是伯康大人据理力争的结果了，听说文书往返多次，而杨观察使坚持要让你我去江陵任职。不瞒你说，我与杨观察使之间颇有渊源呢。"

"哦，是吗？有何渊源，愿闻其详。"张署一副惊讶的表情。

"杨观察使是柳宗元柳子厚兄的岳父，我与子厚虽政见不同，但私交甚密，更与杨观察使的弟弟杨凝同在董相国幕下为官，当时我担任观察推官，杨凝担任判官。咱也不必纠结杨观察使究竟是何用意，既然木已成舟，唯有认命，日后再作他图。"韩愈一脸无奈。

韩愈举起酒杯，对张署微微一笑，说："张兄，你我满饮此杯，一敬伯康大人，他替咱们说话了；二敬杨观察使，好事多磨，此去江陵也许不是坏事；三敬我们自己，若非杨观察使忌惮咱们，就不会处心积虑阻拦你我回京了，由此看来，你我二人在他眼里还算是个人物呢。"

张署闻言哈哈大笑说："还是兄想得开，也罢，不纠结了。喝酒，喝酒！"

当日，韩愈夜不能寐，写下一首《八月十五夜赠张功曹》。这首诗抒发了对改官江陵的不满："判司卑官不堪说，未免捶楚尘埃间。"却又无可奈何，所以诗中结句说："一年明月今宵多，人生由命非由他，有酒不饮奈明何！"

九月，韩愈与张署受命离开郴州赴江陵任职。先到衡州，再到潭州，十月中旬，韩愈一行抵达洞庭湖，却遇到大风，不得不停船靠岸，避风七日，大约在十月下旬抵达岳州。

岳州刺史窦庠看到韩愈一行到来，十分欣喜，立刻命人准备了丰盛的酒宴。韩愈自幼即与窦庠相识，久别重逢，自然有说不完的离思，诉不尽的

韩愈一行在岳州盘桓了几日，临别之际，窦庠特意安排在
岳阳楼准备酒宴饯行。

别情。

　　韩愈一行在岳州盘桓了几日，临别之际，窦庠特意安排在岳阳楼准备酒宴饯行。岳阳楼建在岳阳城的西城门之上，下瞰洞庭，前望君山，风光壮阔而绮丽。自东吴名将鲁肃首次在此修建阅兵楼，其后历经魏晋南北朝，日渐知名。唐代中书令张说曾扩建岳阳楼，诗圣杜甫的一首《登岳阳楼》使之闻名天下。

　　酒宴上，韩愈端起酒杯对窦庠说："如此湖山盛景，令人心快神怡。感谢窦司直盛情款待，韩愈在此谢过！"说罢，满饮一杯。

　　然后，他从袖中掏出一张纸来，朗声说："临别之际，十分不舍，昨夜写诗一首，献窦司直，请容许我朗读一遍。"

　　窦庠禁不住拊掌大笑："快，我们欣赏好诗。"

　　于是韩愈朗声念道：

洞庭九州间，厥大谁与让。

南汇群崖水，北注何奔放。

潴为七百里，吞纳各殊状。

自古澄不清，环混无归向。

……

次日，韩愈、张署离开岳州，经过近两个月的行程，终于抵达江陵。幸运的是，荆南节度使裴均也颇好文辞，对韩愈、张署比较尊重，相处融洽。

忽然有一天，刘禹锡到访。

韩愈安排酒宴款待刘禹锡。韩愈与刘禹锡、柳宗元三人曾同时供职御史台。三人在韩愈应试长安时就应该相识，十多年来一直诗文往还，交情不浅。

席间，韩愈问道："梦得兄，缘何来此？"

刘禹锡回答说："唉，一言难尽啊。"

于是刘禹锡将朝廷所发生的惊天变故大致说了一遍，又补充道："王伾王大人被贬为开州司马，王叔文被贬为渝州司户，子厚兄为邵州刺史，在下先是被贬为连州刺史，昨日收到追贬的敕令，又改为朗州司马了。"

韩愈一直弄不清自己究竟为何被贬阳山，甚至一度怀疑是柳宗元和刘禹锡在韦执谊以及王叔文、王伾等人面前泄密。韩愈在御史台任职时曾与柳宗元、刘禹锡谈论过对这些人的看法，韩愈内心十分鄙夷这些人。

韩愈从袖中拿出早已备好的那篇在岳州写的《岳阳楼别窦司直》给刘禹锡看。

刘禹锡看到"爱才不择行，触事得谗谤"的诗句时，脸上青一阵白一阵的，他深知韩愈这是意有所指，因此明确告知："退之兄千万不要误会，在下和子厚兄绝没有泄密。某虽不才，断不会干出告密这种事儿来。"

韩愈看着刘禹锡急切的眼神，听到这斩钉截铁的表白，断定自己是错怪柳宗元和刘禹锡了。他端起酒杯对刘禹锡说："梦得兄，我相信兄和子厚兄干不出这种龌龊行径，看来还是韦大人和两位王大人在作怪。算了，不说这些不开心的事儿了，今日你我相聚，实属不易，请满饮此杯！"

与柳宗元、刘禹锡之间的误会终于涣然冰释，韩愈的心头轻快了许多。但他对韦执谊以及王叔文、王伾等人的怨念却与日俱增，这怨恨中既有对他们个人能力的鄙夷和不屑，更怀有一份对国事的深切忧虑。

自从得知改官江陵不能回到京城以后，韩愈便不断写诗、写信求援。在赴江陵的路上，他就写下一首《赴江陵途中寄赠王二十补阙李十一拾遗李二十六员外翰林三学士》，寄希望于王涯、李建、李程三位翰林学士施以援手；到了江陵，他又写了一封信给当时的兵部侍郎李巽，渴求得到他的汲引。

分司东都

元和元年（806）五月，韩愈接到担任国子博士的新任命，国子博士比之前所担任的四门博士级别更高，韩愈自然欢欣鼓舞，终于可以回到阔别已久的京城了。

从贞元十九年（803）被贬离京，到此刻倏忽三载。韩愈从启夏门进入京城，眼前的景物令人心潮澎湃，不论是金碧辉煌的宫殿，还是巍峨耸立的大雁塔，都是那么陌生而又亲切。

此时此刻，韩愈不禁流下一行热泪，内心感慨万千："长安，长安，长安，我终于又回来了。"

孟郊、张籍、张彻、崔群、崔立之等一干好友此时凑巧都在京城。韩愈归京，看到这些故交旧友，自然是欢欣快慰。

张彻不仅是韩愈的门生，也是韩愈的从侄女婿，因为他娶了韩愈从兄韩俞之女。张彻看到韩愈归来，安排了一场饭局，同时还请了孟郊和张籍作陪。

席间，大家畅谈饮酒，共叙别情，好不热闹。酒过三巡，韩愈提议说："今日宴会，有情有义，还应该有诗，我们来个会合联句如何？"几个人欣然赞同。张彻赶紧命酒家准备了纸笔，将笔递给韩愈说："叔丈大人，您先来吧。"

韩愈推辞说："文昌兄最擅长诗歌，这些年来一定大有进益，请文昌兄先来吧！"

张籍遂接过韩愈手中的毛笔，写了两句："离别言无期，会合意弥重。"

韩愈续了两句："病添儿女恋，老丧丈夫勇。"

孟郊看到韩愈的诗句略呈颓态，立刻补了两句："剑心知未死，诗思犹孤耸。"然后将笔递给张彻。

韩愈看了孟郊这两句连声称赞："东野兄这两句妙啊！诗思孤耸，难为你想得出来。"

张彻喝了不少酒，面色红润，接过笔来说：
"今日我叔丈归来，实在开心，所以我斗胆续貂两
句。"于是他在纸上留下两句："愁去剧箭飞，欢来
若泉涌。"

如此这般，四人你一联我一联，竟然写下足足
三十余联。

宴会极欢而罢。

这年秋冬之际，张署也得到新的任命，回京任
京兆司录参军。张署回京次日，即遣仆人送信告知
韩愈，韩愈闻讯大喜，二人乃患难之交，此番在京
城重会，怎不令人感慨万千呢？过了几天，张署又
正式下了帖子，邀请韩愈、孟郊、张籍等人到家中
宴饮。

张署精心准备了馔食美酒，韩愈平时饮酒不
多，今日却饮了一杯又一杯，已经不胜酒力。韩
愈面色绯红，站起身来说道："今日良宴会，欢乐
难具陈。张秘书的美酒实在醇厚，我喝不动了，
敢请张秘书准备纸笔，我要赋诗一首，以助诸位
酒兴。"

张署赶紧命人准备，不大一会儿工夫，都已准

备停当。韩愈对张署的侄儿阿买说："阿买，你是晚辈，我来说，你来写，可好？"

阿买立刻回答说："韩博士尽管道来，我来负责书写。"

韩愈思如泉涌，脱口而出："人皆劝我酒，我若耳不闻。今日到君家，呼酒持劝君。为此座上客，及余各能文。"

然后，转头向座上众人说道："下面我要评论诸位了，多有得罪。"

大家都笑吟吟地等待韩愈下面的诗句，均道："无妨无妨，快说快说。"

韩愈略作思考，便昂首道："君诗多态度，蔼蔼春空云。东野动惊俗，天葩吐奇芬。张籍学古淡，轩鹤避鸡群。阿买不识字，颇知书八分……"

阿买写毕，抬起头，一脸苦笑："韩博士，俺怎么就不识字了？"大家也都哄堂大笑，纷纷替阿买鸣不平，张署佯装发怒道："你识得几个字？诗文水平能跟韩博士相比吗？悉心揣摩领会才是。"

韩愈也不理睬阿买的抗议，说道："我又有好句子啦。"朗声吟道："长安众富儿，盘馔罗膻荤。

不解文字饮，唯能醉红裙……"

韩愈这几句诗吟毕，众皆称妙。

韩愈也十分自得，解释道："今日乃文字之饮，那些成日醉生梦死，靠歌姬劝酒佐兴的无聊之事，吾辈不屑为之。"

韩愈吟出最后几句诗："方今向太平，元凯承华勋。吾徒幸无事，庶以穷朝暾。"

众人无不佩服韩愈的诗才，重又落座饮酒论诗，直至夜阑更深，方才恋恋不舍地散去。

韩愈这一阶段的生活比较惬意，宴饮不断，更重要的是与孟郊的联句赋诗写了一篇又一篇，韩愈与孟郊二人的诗各具面目，旗鼓相当。在这种联句赋诗的过程中，二人逞才炫博，各极才思，这些联句诗成为韩孟诗派形成的标志，深刻影响了后世的诗歌创作。

诗酒流连的美好生活没过多久，韩愈就平白卷入一场是非的漩涡。先后有好几位朋友私下告诫韩愈，有小人在背后诋毁他。韩愈返京后曾拜会宰相郑絪，郑絪非常欣赏韩愈，并命韩愈将著作整理之后送给他欣赏，韩愈照做了。不知道这件事如何被人知晓，竟被人造谣，说韩愈虽然给郑絪送呈了自己的作品，却对外人说，郑絪岂是自己的文章知音？这话若是传到郑絪的耳朵里，自然会令郑絪难堪，韩愈因此十分恼火。后又有人告诉韩愈，还有人在翰林舍人李吉甫和裴垍面前进谗言，诋毁韩愈。韩愈分明感受到一种无形却巨大的压力，却又无可奈何。

与其被人构陷遭贬还不如主动退让，加之此时孟郊因河南尹郑余庆之辟担任水陆运从事，李翱为国子博士分司，二人俱在洛阳，这就更加坚定了韩愈去洛阳的想法。

元和二年（807）六月，韩愈再一次离开长安，奔赴洛阳国子监任职。韩愈在分司东都的这段时间，远离权力中枢，避开了流言蜚语的攻击，除了日子过得清贫之外，倒是十分惬意，游山玩水、宴饮垂钓、赏花会友，落得逍遥自在。

此时，孟郊在洛阳，李翱在洛阳，另有国子助教侯继在洛阳，他与韩愈是同年进士，也是相知多年的老朋友。次年，皇甫湜也来到洛阳任职。

元和三年（808）的某一天，因为两个人在这一天初次会面而变得明媚、神奇。

这两个人一个叫韩愈，一个叫李贺。

十九岁的少年天才诗人李贺为了应河南府试，自福昌昌谷来到洛阳城，暂时借住在仁和里。安顿好之后，李贺带着自己的作品来见国子博士韩愈。

韩愈颇觉劳累，正打算休息，门人来报："禀报韩大人，外面有个年轻人要见您，这是他带来的，说是希望得到您的指点。"说着，门人将一卷诗递给韩愈。

韩愈心想今天实在是太疲倦了，明天再见吧。于是他一边解衣带，一边随意浏览门人递给他的这卷诗稿，诗稿第一首题目是《雁门太守行》，开篇两句是这样的："黑云压城城欲摧，甲光向日金鳞开。"韩愈心头一惊，没想到开篇竟然如此精彩。

全诗读罢，韩愈连连赞叹："好诗，好诗，实在是好诗！"

韩愈睡意顿消，赶紧束紧衣带，吩咐道："赶紧把这个年轻人请进来，我要见他。"

不一会儿，李贺走了进来，躬身施礼："晚生李贺拜见韩大人！"

"看座！"

坐定后一番畅谈，李贺凭借自己的诗才彻底征服了国子监博士韩愈。韩愈为之大力揄扬，李贺从此在大唐文化圈声名鹊起。

李贺顺利通过河南府试，取得了到礼部应进士科考试的资格。

在韩愈和皇甫湜的鼓励下，李贺做好了进京考进士的准备。

这天皇甫湜匆忙来到韩愈家里，很认真地对韩愈说："退之兄，外面有很多关于李贺考进士的风言风语，您可有耳闻？"

韩愈看到皇甫湜一脸凝重的样子，知道一定有事，赶紧追问："李贺考进士怎么了？他们说什么？"

皇甫湜道："唉，那些李贺的竞争者称，李贺的父亲名叫李晋肃，'晋'与'进'同音，应当避讳，不能参加进士科的考试。您说这种避讳有必要吗？在下觉得实在没有必要啊。"

韩愈一听就火了，厉声道："荒唐！这种避讳完全没有必要啊。若是李贺的父亲名仁，那李贺就不用做人了？这不是胡闹吗？"

皇甫湜道："正是！退之兄您还是赶紧写篇文章吧，驳斥一下这种论调，否则舆论对您和李贺都将不利。"

韩愈沉默了一阵儿，昂起头说："好，我必须写，不是为了我自己，而是为了李贺。"

当夜，韩愈满怀激愤之情，写下了一篇《讳辩》。这篇文章引经据典、多方设问、层层说理，有力地驳斥了那些与李贺争名者的说法，文末以略带嘲讽的口吻总结说："今世之士，不务行曾参、周公、孔子之行，而讳亲之名，则务胜于曾参、周公、孔子，亦见其惑也。夫周公、孔子、曾参卒不可胜。胜周公、孔子、曾参及比于宦官宫妾，则是宦官宫妾之孝于其亲，贤于周公、孔子、曾参者耶？"

李贺收到韩愈的这篇文章，十分感动。他不顾世俗的谗毁和谤议，鼓起勇气到长安城参加礼部的进士科考试。令人意想不到的是，李贺居然落榜了。

不仅李贺不相信自己会落榜，就连韩愈和皇甫湜也都替李贺感到遗憾。

元和四年（809）春，李贺下第回到故乡昌谷。九、十月间，李贺不得不再次来到洛阳寻找政治上的出路。

他依然借住在仁和里。韩愈和皇甫湜听到李贺来到洛阳的消息，相约到仁和里探望他，目的是安慰一下李贺受伤的心灵。

"两位大人快请进。"李贺对韩愈和皇甫湜的到来十分欣喜，赶紧沏茶。

韩愈和皇甫湜一边喝茶，一边问了一些生活上的琐事。韩愈直奔主题："应试长安这次虽然落榜了，那不是你的能力问题，你要相信自己，更要相信我们的眼光，明年春天再战！我们一定尽力帮你，你千万不要灰心丧气啊！老夫当年也是考了四次才考中的。"说罢，哈哈大笑。

李贺闻听此语，也不禁莞尔，内心感受到一种巨大的温暖，但旋即那种无奈、尴尬、酸楚和愤懑又一齐涌上心头。

李贺提起笔，将内心的复杂感受形诸笔墨，迅即写出一首《高轩过》，诗中称赞韩愈和皇甫湜是"东京才子，文章巨公"，其中还有"笔补造化天无功"这样的凿空奇语，这首诗的最后两句说"我今垂翅附冥鸿，他日不羞蛇作龙"，这两句诗既有对现实尴尬境遇的描述，又满怀着有朝一日能够由蛇化龙、腾空而起的坚定信念。诗风颇类韩愈，简直就是在向韩愈致敬。

写毕，李贺恭恭敬敬地将这首墨迹淋漓的新作呈递给韩愈。

韩愈和皇甫湜览后，击节叹赏良久。

令人叹惋的是，次年春天李贺到京城长安，并未再应礼部的进士科考试，而是以唐诸王孙身份通过恩荫的方式入仕，在太常寺担任奉礼郎，奉礼郎官阶只有从九品。不久李贺辞官归乡，卒于故里，年仅二十七岁。

李贺用诗歌点亮自己二十七年的生命，换来的是后人对他无限的追慕与怀念。李贺宛若一颗璀璨的流星，划过天际，照耀千古。

元和四年（809）六月十日，韩愈改官都官员外郎，分司东都兼判祠部，虽然职务有调整，工作地点依然在洛阳。韩愈在洛阳期间，除了声援李贺，还结交了怪才卢仝，卢仝日后成为"韩孟诗派"的重要成员。

卢仝一生未仕，家境清寒，性格狷介，曾隐居于少室山。大约在元和五年（810），卢仝举家迁至洛阳，在里仁坊赊购了一座宅院，其实也不过破屋数间。卢仝家有一奴一婢，全家十余口人需要奉养，日子穷困到跟僧人乞米度日。韩愈不时从自己有限的俸禄中拿出些银两周济他。

卢仝读书很勤奋，精通《春秋》。一天，韩愈来到卢仝家里，给他送去一些纹银，看到卢仝家里绳床瓦灶，心中不免一酸。卢仝好茶，平素喝的却是品质很差的茶，韩愈到来，卢仝赶紧拿好茶出来，重新煎茶。

韩愈看着杯中茶叶芽伸展，茶汤澄澈，一旗一枪，煞是好看。品一口，茶香四溢，韩愈不禁赞道："好茶！"

卢仝微微一笑道："此乃蜀川蒙顶也。最后这么一点，让大人您赶上了。"

韩愈看卢仝心情不错，赶紧正色说道："玉川先生，把你的好诗誊抄一份，像那首《月蚀诗》，还有那首《走笔谢孟谏议寄新茶》，都抄录上。就这几天你挑个日子，我带你去见东都留守郑大人和河南尹李大人。我帮你在他们面前再美言几句，一定会得到他们的赏识。看看能否谋个官职？"

没等韩愈说完，卢仝就捂住了耳朵，不住口地说："韩大人，谢谢您的美意，您别说了。"

韩愈知道卢仝素来不好与权贵往来，不便强求，只得作罢。

此时韩愈的文名已经天下皆知，甚至有慕名者不远千里到洛阳来投奔他，譬如最具传奇色彩的刘叉。

刘叉身材魁梧，任气侠义，常出入市井。曾因酒后杀人入狱，恰遇大赦天下，这才捡回一条命。出狱后刘叉开始折节读书，听说韩愈善接天下士，步行来投，韩愈热情接待了他。

韩愈看出刘叉的年纪远在自己之上，很尊重地问道："老先生远来投我，我很高兴，可否将您平时的作品赐我一观？"

刘叉从袖中拿出作品，递给韩愈："这些就是老朽平素写的，不值一哂，求韩大人指教！"

韩愈接过刘叉的作品，有诗两首，一首《冰

柱》，一首《雪车》。韩愈读完，不禁拍案叫绝，赞叹道："'庙堂食禄不自惭，我为斯民叹息还叹息'，老先生金刚怒目，胸中隐有侠义之气，发此不平之鸣。这两首诗写得奇谲奔放，当真妙极，就算是孟东野、玉川子恐也不及老先生啊！"

刘叉闻听此言，面上不禁露出了得意的笑容，说道："韩大人您过奖了，东野先生确实很喜欢老朽的诗。"

刘叉有此才情，深得韩愈赏识。在韩愈的安排下，刘叉留在洛阳，与卢仝、樊宗师等诗友以及韩愈的门客终日诗酒流连、切磋诗艺，过得甚是惬意。

一日，不知何故，刘叉与韩愈的几个门客争执起来。刘叉性情刚烈，觉得在韩愈府中得不到应有的尊重，便跑到韩愈的书案前，卷起案上的数斤银两就要离开。大家都很纳闷，问他何意。刘叉回答说："这些银两都是韩愈吹捧墓中人得来的，不如送给老叉我用，祝我健康长寿呢。"说罢，飘然而去。

元和四年（809），元稹来到洛阳任职。

元稹来到洛阳，与韩愈交往颇多。韩愈应元

积之请写了《监察御史元君妻京兆韦氏夫人墓志铭》，"京兆韦氏夫人"即元稹的妻子韦丛，年仅二十七岁即不幸亡故。

次年春，韩愈家的辛夷花盛放，花香四溢。

洛阳春来早，到处莺歌燕舞，韩愈受到物候变化的感染，不禁诗兴大发，对夫人卢氏说道："夫人，好久没听你鼓瑟了，今日为我弹奏一曲吧。"又对儿子韩昶说："符儿，快去准备酒馔。"

韩愈在辛夷树下流连徘徊，一会儿停下脚步，朗声吟出一首诗来："辛夷高花最先开，青天露坐始此回。已呼孺人戛鸣瑟，更遣稚子传清杯。选壮军兴不为用，坐狂朝论无由陪。如今到死得闲处，还有诗赋歌康哉。"

忽然家丁来报，元稹来访。

韩愈赶紧说："快请进来！"

一会儿，元稹走了进来，韩愈迎上去："微之，这是什么风把你给吹来了？快里面请。"

元稹摆摆手说："别啊，听说退之兄家里的辛夷花开了，我是专程来赏花的，您把我给请进房间，我就只能喝您的好茶了。"

韩愈哈哈一笑，说道："嗯，你来得正好，这辛夷花开得正盛，前几天还是花苞呢，忽然一下花瓣就全展开了。"

元稹黯然道："我在长安的家里也有两株辛夷花，韦丛在的时候我们一起在花下饮酒赋诗。现在回想起来，真是美好。"

韩愈安慰道："微之，莫要伤感，人生就是一场花事，花开花落皆有时。你看这花恐怕也开不了几日了，欢迎微之兄随时来观赏。"

元稹道："兄言之有理，花无百日红，人也是如此。恐怕我在洛阳待不长久了。我预感还会遭贬，因为我又上了奏折弹劾河南尹房式。"

韩愈内心深深地敬佩元稹，明知自己的行为会触怒权贵，却没有丝毫的退让。如果每个官员都像元稹这样忠于职守，不顾惜个人的荣辱，大唐王朝怎么会衰败成现在这个样子呢？

元和六年（811）三月十八日，韩愈迎来了一个悲伤的日子。

这一天，韩愈的乳母李氏走到了生命的尽头。

自打立春过后，李氏的身体便每况愈下。韩愈延请名医前来诊治，却始终不见好转，急得卢氏团团转。

李氏吃不下东西，只是嘴里喃喃唤着："愈儿……愈儿……"卢氏赶紧请韩愈过来。

李氏看到韩愈，眼睛放出光彩来，精神忽然好了起来似的，一把抓住韩愈的手："愈儿，我是不行了，要先走一步啦，这一辈子能够看到你出人头地，待我又这么好，我这辈子算是值了，就是死也甘心了……"

跪在床前的韩愈眼泪瞬间盈满眼眶："乳娘，您会好起来的，我已经请了京城名医，这几天就能到……"

"愈儿，我知道你对我好，我不等啦，我要走啦。愈儿，这一辈子，该吃的苦我都吃过了，该享的福我也都享过了，没有什么遗憾啦……"

当夜，李氏撒手尘寰。

李氏自入韩门，不曾离去。在韩愈三岁时，父亲韩仲卿即不幸去世，而生母出身卑贱，在韩仲卿去世不久即改嫁，李氏怜悯韩愈年幼不忍离去，遂老死于韩家。李氏去世以后，韩愈为她撰写了《乳母墓铭》并刻石，放在墓穴内。

元和六年秋，韩愈迎来了一个欢欣鼓舞的日子。韩愈在转任河南令期间发现一些不法藩镇在洛阳私设留邸，私藏军士，图谋不轨，于是勇敢地揭发他们的不轨行为并进行公开斗争。韩愈严惩不法军人之举虽令检校兵部尚书、东都留守郑余庆比较尴尬，却得到了唐宪宗的赏识。

唐宪宗甚至十分高兴地说："韩愈助我者。"

很快，韩愈被召回京城担任职方员外郎之职。职方员外郎属兵部，是职方司副长官，从六品上，属于朝官，可参与朝廷大事，与郎中共掌天下地图、城隍、镇戍、烽堠等事。

韩愈兴冲冲策马返回京城长安，行至潼关，胯下老马忽然长鸣一声，韩愈吃了一惊，生出一番感慨，自己这一生命途多舛，多因上疏言事而遭贬，与老马无故妄鸣何其相似。

韩愈在马上吟诗一首："岁老岂能充上驷，力微当自慎前程。不知何故翻骧首，牵过关门妄一鸣。"

不平之鸣

回到阔别已久的长安，韩愈的老朋友们纷纷登门拜访，第一个到来的是张籍。此时，张籍担任太常寺太祝之职。

张籍带着一个包袱来到韩愈家中，脸上带着神秘的笑容，对韩愈道："猜猜这里面是什么东西？"

韩愈苦笑道："这如何能猜到？看着不像钓鱼竿，因为长度不够。"

张籍哈哈大笑："退之兄成天想着钓鱼，也没见着您钓到一条大鱼。"

说罢，包袱展开，里面露出一摞拓片。

韩愈展开拓片，立刻眼前一亮，断言道："这是石鼓文拓片！"

张籍赞叹道："退之兄果然学问深湛，正是。"

韩愈微微一笑，说道："多年前我在岐阳曾亲睹石鼓，其价值当在郜鼎、石经之上，可谓至宝，居然就那么弃置在荒野之中日晒雨淋，深觉可惜。曾写信给祭酒大人，建议立刻保护起来，奈何没有回应。恐怕这几年下来，字迹漫漶得更加严重了吧？"

张籍听了韩愈的这番话，愈觉石鼓珍贵，对韩愈说道："石鼓既然如此珍贵，确实应该保护起来。我听说石鼓是春秋时期秦国的遗物，退之兄若是作一首《石鼓歌》，必可传世。"

韩愈一边端详一边说道："这几张拓片拓工精良，字口清晰，毫发尽备。首先从文字上判断，石鼓上的这些文字既非隶书，也非蝌蚪文，属于籀文；其次，从文意上看，语言古奥，文意艰涩，颇难索解，与《诗》中的作品风格非常接近，依我看，石鼓当为周宣王时期的遗物。"

韩愈仔细欣赏了这批珍贵的石鼓文拓片，为如此宝物千百年来始终被湮没弃置而喟叹，那一刻自己的生平遭际仿佛与石鼓达成了一种微妙的命运同构。韩愈的内心风雷激荡，化作一篇大气磅礴的诗作《石鼓歌》：

张生手持石鼓文，劝我试作石鼓歌。

少陵无人谪仙死，才薄将奈石鼓何。

周纲陵迟四海沸，宣王愤起挥天戈。

大开明堂受朝贺，诸侯剑珮鸣相磨。

蒐于岐阳骋雄俊，万里禽兽皆遮罗。

镌功勒成告万世，凿石作鼓隳嵯峨。

从臣才艺咸第一，拣选撰刻留山阿。

雨淋日炙野火燎，鬼物守护烦撝呵。

公从何处得纸本，毫发尽备无差讹。

辞严义密读难晓，字体不类隶与科。

年深岂免有缺画，快剑斫断生蛟鼍。

鸾翔凤翥众仙下，珊瑚碧树交枝柯。

金绳铁索锁纽壮，古鼎跃水龙腾梭。

陋儒编诗不收入，二雅褊迫无委蛇。

孔子西行不到秦，掎摭星宿遗羲娥。

嗟余好古生苦晚，对此涕泪双滂沱。

忆昔初蒙博士征，其年始改称元和。

故人从军在右辅，为我量度掘臼科。

濯冠沐浴告祭酒，如此至宝存岂多。

毡苞席裹可立致，十鼓只载数骆驼。

荐诸太庙比郜鼎，光价岂止百倍过。

圣恩若许留太学，诸生讲解得切磋。

观经鸿都尚填咽，坐见举国来奔波。

剜苔剔藓露节角，安置妥帖平不颇。

大厦深檐与盖覆，经历久远期无佗。

中朝大官老于事，岂肯感激徒媕娿。

牧童敲火牛砺角，谁复著手为摩挲。

日销月铄就埋没，六年西顾空吟哦。

羲之俗书趁姿媚，数纸尚可博白鹅。

继周八代争战罢，无人收拾理则那。

方今太平日无事，柄任儒术崇丘轲。

安能以此上论列，愿借辩口如悬河。

石鼓之歌止于此，呜呼吾意其蹉跎。

　　石鼓文是我国现存最古的石刻文字，因其文字刻写在十块状如鼓形的花岗岩石上，因名"石鼓文"。这首诗写得雄奇怪伟，卓然大篇，把一个很难驾驭的题材写得形神兼备、生动形象，是吟咏金石书法的名篇。

这篇《石鼓歌》问世之后的元和十三年（818），与韩愈私交甚密的郑余庆担任凤翔尹、凤翔陇右节度使，才命人将石鼓移至凤翔孔庙中保存，而此时十枚石鼓已经遗失了一枚，这枚石鼓直至宋代才失而复得。

管不住嘴是韩愈一生坎坷的重要原因，而发不平之鸣又是韩愈一生坚守的信条，这种冲突在韩愈的一生之中都无法得到调和。

果然，韩愈回到京城仅八个月，即因为在华阴令柳涧案中"妄论"，被降为国子博士，这是韩愈人生中第三次担任国子博士。

韩愈在担任国子博士期间还写了一篇《进学解》。这篇文章是韩愈的代表作之一。文章仿照汉代东方朔的《答客难》、扬雄的《解嘲》以及班固的《答宾戏》的形式，设为问答，亦庄亦谐，骈散结合，音韵和谐，借诸生之口发泄自己明明文章道德皆有可观却被投闲置散的愤激不平之情。

元和八年（813）春，韩愈改官比部郎中、史馆修撰。

有了史馆修撰的身份，请韩愈撰写碑铭的人就更多了。韩愈撰写墓志的水平也与日俱增，他的墓志创作一改过去那种僵化、呆滞的骈俪模式，在"尊体"与"变体"之间寻找完美的平衡点。其墓志创作往往因志主不同而不同，每一篇都量身定制，并不雷同，不仅行文自然，而且变化无穷，或深婉哀痛，或雄奇奔放。总之，韩愈综合运用议论、叙事等艺术手段，刻画人物形象生动鲜明，将冷冰冰的墓志写出了温度。这不仅体现出韩愈"惟陈言之务去"的创作主张，更是其文章革新意识的具体体现。

当然，韩愈的收入也日渐丰厚，因为那时的润格很高。

润格究竟有多高呢？举个例子，东都留守裴度修福先寺，准备立一块碑，打算请白居易来撰写碑文。当时皇甫湜在裴度手下担任判官，他知道这个消息后大怒："我皇甫湜就在您的身边，您不用我，却舍近求远去请白居易，这分明是不把我放在眼里啊，我要辞职！"

裴度听了以后赶紧道歉，说："先生息怒，我是担心先生不肯应允啊，先生是文章大手笔，既然先生愿意写这篇碑文，那就有劳先生了。"

皇甫湜索酒归家，痛饮一番后援笔立就。

裴度派人将润笔送到皇甫湜住处，宝车、名马、缯彩、器玩，价值千余缗，不可谓不高。

结果皇甫湜说："我的文字不是一般凡俗文字，我曾为顾况写过一篇序言，其后不曾轻许人。我主动请求为裴大人写这篇碑文，是报答裴大人的知遇之恩，没想到裴大人给的润笔如此之低，这究竟是何道理？这篇碑文共有三千余字，按照一个字三匹绢的润笔，一文钱也少不得。"

裴度听了，哭笑不得，只好按照皇甫湜提出的润笔给付。

也就是说，皇甫湜一篇文章就要了九千余匹绢作为报酬。

这是皇甫湜的润笔，作为驰名天下、誉满江湖的韩愈其润笔如何可以想见。

元和九年（814）八月，噩耗传来，韩愈的挚

韩愈接到孟郊的死讯，涕泗滂沱，亲手设立了孟郊的灵位，
命家仆将张籍等孟郊生前友好请至家中。

友孟郊暴病而卒。

孟郊一生贫病交加，四十岁以后才因为母老家贫出仕为官，却一直沉沦下僚，不能扬眉吐气。晚年先是丧子，然后丧母，丧亲之痛接踵而来，对孟郊的打击很大。郑余庆担任山南西道节度使，辟孟郊为兴元军参谋、试大理评事，六十四岁的孟郊接受辟命，行至河南阌乡，却不幸染暴疾去世，结束了他凄凉落寞的一生，只留下不离不弃的妻子郑氏以及五百多首诗作。

韩愈接到孟郊的死讯，涕泗滂沱，不胜悲慨，亲手设立了孟郊的灵位，然后命家仆将张籍等孟郊生前友好请至家中。

张籍匆忙赶到，一眼就看到堂上已经安设好的孟郊灵位，孟郊生前的种种情景顿时浮现眼前，不禁大恸，呼喊道："东野兄，你怎么说走就走了呢……"顿时哭倒在孟郊灵位之前。

张籍与孟郊相识多年，彼此唱和，友情深厚，孟郊写了一首《寄张籍》，诗中调侃张籍为"西明寺后穷瞎张太祝"，因为张籍担任太常寺太祝之职达十年之久，且张籍患有眼疾，故有"穷瞎"之戏语。若非友情深厚，焉能有此玩笑话？

韩愈擦干眼泪，哽咽地对张籍说："东野先生亡故，我们为他料理后事，当务之急是将其安葬。其次是要尽力照顾东野遗孀的生活，让九泉之下的东野兄安心。"

张籍道："正当如此。我们先筹一笔银两作为丧葬费，派使者送到东都。您再修书一封给郑余庆郑大人，郑大人那边还等着东野兄去赴任呢。"

韩愈含着眼泪，点头称是。

太子舍人樊宗师与韩愈、孟郊、张籍等人过从甚密，当时因为母丧正在东都洛阳。因此由樊宗师主持孟郊丧事。他来信告知孟郊的葬期，并请求韩愈为孟郊撰写墓志铭。他在信中说："先生与孟东野先生关系最为莫逆，您也是最了解孟郊一生之人，理应由您来撰写其墓志铭。东野先生泉下有知，恐怕也希望您来执笔。"

韩愈并未推脱，但因为伤心过度，墓志铭未能立即写出。

临近葬期，张籍对韩愈说："东野兄发扬品德，振起文辞，于古道有光彩，按照旧例，凡贤良之人都有谥号，何况东野兄这样的文士呢？如果谥曰'贞曜先生'，这样就点出了他的德行，不待讲解就能明白。"

韩愈听了，嘴里喃喃念着"贞曜先生"，最后眼神十分肯定地望向张籍说："贞曜先生甚好，就用这个。"

过了一段时间，樊宗师派专人来催促韩愈，说"没有墓志铭就无法安葬死者"，韩愈只好强忍悲痛，走笔为孟郊写下《贞曜先生墓志铭》。

孟郊善写五言古诗，其诗风固然有韩愈所说"横空盘硬语，妥帖力排奡"的一面，也有自然流畅、平易淡远的一面，如那首著名的乐府诗《游子吟》，因真挚深沉而传诵至今，成为孟郊的代表作。在当时即有"孟诗韩笔"的说法，因此韩愈在墓志铭中着重强调了孟郊在诗歌创作方面所取得的成就。

山南西道节度使郑余庆闻知孟郊死讯后，也派人送来许多钱作为孟郊的安葬费用，同时帮助赡养孟郊的遗孀，这些物质的帮助足以告慰九泉之下的孟郊。

从征淮西

　　韩愈在史馆修撰的位子上干了一件大事。他和同僚一起在前任史官已经撰修的三卷《先帝实录》基础上调整补充，修成五卷《顺宗实录》，全书客观、翔实地记述了唐顺宗李诵在位八个月间的事迹。

　　从韩愈这期间的官职变化可以看出，他得到了唐宪宗的赏识和器重。

　　元和九年（814）十月，授考功郎中，依前史馆修撰。十二月，以考功郎中知制诰。考功郎中掌内外文武官吏之考课；知制诰，指替皇帝起草诏令。显然，知制诰是能够接近皇帝的重要职务。

　　随着官职的升高，俸禄也与日俱增，加上为人写墓铭的收入也颇高，大约在元和十年（815），韩愈终于在长安城的靖安里置下一处屋庐。

房屋并不奢华，庭院中有八九株高树，枝叶繁茂，鸟鸣啁啾。搬进新居之后，韩愈意气风发地写了一首《示儿》诗，以自己的切身经历教育儿子韩昶。从最初的"始我来京师，止携一束书"到今日的"凡此座中人，十九持钧枢"，韩愈用了整整三十年。

元和十一年（816），韩愈任中书舍人。回顾整个唐王朝，这个职务多由帝王心腹担任，执掌机密，职权尤重。可惜韩愈出任中书舍人只有短短五个月，即被降为太子右庶子。

韩愈一生经历的挫折和磨难实在太多，这种打击于他而言，简直风轻云淡。韩愈索性拿出时间陪孩子韩昶在城南读书，听颖师弹琴，与张籍谈诗论文。

虽然韩愈的官阶没有降，太子右庶子毕竟是东宫太子的属官，这就相当于被排挤出权力中枢。韩愈之所以遭排挤，与他对藩镇叛乱的态度有很大关系。如何看待藩镇叛乱，朝廷上的意见不一，主战派与主和派此消彼长，互相斗法。韩愈与裴度在朝臣中均为坚定的主战派。

淮西镇是唐后期十分重要的藩镇之一，安史之乱期间，淮西镇在协助朝廷平乱方面发挥了积极作用。但随着势力逐渐强大，淮西镇从服从朝廷到对抗朝廷，日渐滋生叛逆之心。

韩愈专门写了一封《论淮西事宜状》，从中可以看出韩愈的远见卓识。在这封奏状中韩愈条分缕析，提出平贼的六条具体建议：

一、就近招募士兵。从淮西镇主要据点蔡州附近招募百姓，他们不仅熟悉敌军内情，更心怀爱护家乡、保卫家乡的情感，因此可用。

二、择要害处屯兵。不宜分散兵力，而应兵分四道，每道各置三万人，择要害处屯于一处，遥相呼应，一时俱发。

三、不宜过分杀戮。蔡州士卒虽然参与作乱，但皆为国家百姓，若能投降，不必过分杀戮，应该给反叛士兵留一条活路。

四、征讨不求速捷。平叛讨贼是一个系统工程，不可能一战而捷，欲速则不达，更不能半途而废，稍不如意，即求休罢，一定要坚定信心，取得最终胜利。

五、赏罚必须分明。用兵之道，正在于赏罚分明，宽严有度。不要舍不得奖赏有功者，更不必畏惧惩罚有过者。

六、安抚其他藩镇。若对淮西镇用兵，则其他藩镇特别是淄青、恒冀两道一定有守望相助之意，必须对他们晓以利害，使其不敢轻举妄动。

应该说，韩愈的这封《论淮西事宜状》在一定程度上起到了坚定宪宗伐蔡决心的作用。

元和十年（815年）五月，裴度兼任刑部侍郎，受命赴蔡州行营宣慰，了解军情，向诸将传达朝廷旨意。回朝后，裴度向宪宗仔细分析了当前形势，并表示看好忠武军节度使李光颜。不久，李光颜果然在对淮西军的战斗中取得了胜利。

消息传到京师，宪宗不禁叹服裴度的识人之力。

元和十年（815）六月三日，平卢军节度使李师道在谋士的建议下，派刺客将力主削藩的宰相武元衡刺杀在早朝路上，御史中丞裴度亦于同日被袭，因堕入沟中侥幸得活。李师道的刺杀行动震惊朝野，恐怖气氛迅速弥漫在长安城的上空。

很快就有朝臣提出罢免裴度以安抚成德、平卢二镇。宪宗大怒，驳斥说："如果罢免裴度，那就是令奸臣计策得逞，朝廷纲纪如何整顿？朕用裴度一个人，足以击败这两个乱臣贼子。"

宪宗很快任裴度为中书侍郎、同平章事，主持对淮西用兵。

从元和九年（814）到元和十二年（817），朝廷对淮西用兵已经四年，却始终未能攻克蔡州，唐宪宗也开始怀疑自己的决策是否正确，于是征询宰相们的意见。

李逢吉回答说："既然陛下问臣意见，臣就应直言不讳，不敢有所隐瞒。经过这么久的消耗，军队的战斗力确实下降了，国库的财力也日渐衰竭，所以恳请陛下休兵。"王涯附和了李逢吉的发言。

唯有裴度默不作声，唐宪宗便问裴度意见。裴度坚毅地回答："启禀陛下，胜利指日可待，朝廷万不可休兵，臣请自往督战。"

第二天上朝，唐宪宗专门留下裴度，和颜悦色地问裴度："爱卿真能为朕出行吗？"

裴度的回答十分坚毅："臣誓不与此贼共生。臣昨天仔细分析了吴元济的乞降表，断定他现在的局势已经非常窘迫。只是因为诸将不能齐心协力，所以他才尚未投降而已。如果臣亲自前往行营，诸将担心臣夺了他们的功劳，势必争着抢着先行破贼。"

唐宪宗闻听此言大悦，随即任命裴度为门下侍郎、同平章事，兼彰义节度使，并出任淮西宣慰招讨处置使。制书下达后，裴度觉得韩弘已经是都统了，自己不想再任招讨使，便请求只称宣慰处置使。同时，裴度还上奏，请求命刑部侍郎马总出任宣慰副使，太子右庶子韩愈兼御史中丞、充彰义行军司马，司勋员外郎李正封、都官员外郎冯宿、礼部员外郎李宗闵等人担任判官、书记，跟从裴度出征。唐宪宗悉数同意了。

元和十二年（817）八月三日，裴度大军出征，唐宪宗亲自送行至通化门，并告诉裴度："爱卿此去平蔡，定然凶险莫测，为了保证爱卿的安全，朕诏令神策军三百骑随爱卿一同出征，假如真的有什么不测，神策军乃爱卿最后的保障。"然后，唐宪宗御赐犀带一条以示恩宠，裴度眼含热泪，接过犀带，坚定地向唐宪宗表示："贼灭，则朝天有日；贼在，则归阙无期。"

裴度这番话说得气壮山河、大义凛然，显示出与贼人不共戴天的坚定决心，感动得唐宪宗也流下眼泪。

韩愈从被投闲置散到随军出征淮西，内心汹涌澎湃。他所担任的行军司马之职既协理军政事务，练甲兵，修军备，预军机，掌军法，也掌管军资粮饷的分配，在军中极为重要。他与裴度二人皆为坚定的主战派，且私交甚密，裴度十分倚重韩愈。

出长安城，韩愈与裴度分道扬镳，直奔汴州城。此前，韩愈与裴度认真分析研判了当前形势，并达成共识。自从吴元济叛乱以来，汴州刺史兼宣武军节度使韩弘一直持观望态度。元和十年（815），韩弘改任淮西诸军行营都统，不得不出击吴元济，却并不想置吴元济于死地。所谓"倚贼以自重"，若淮西平定，韩弘的存在就没那么重要了。要说彻底反叛朝廷，韩弘也并没有这个想法。

因此，韩愈决定去获取韩弘的支持，至少不能让他掣肘裴度平叛的行动。

韩愈来到汴州，见到韩弘，单刀直入："韩大人，我此次前来，完全是替您考虑。朝廷此次平叛的决心想必您也耳闻了吧？宰相裴公率大军不日即将抵达郾城，破蔡州指日可待。裴大人让我带来口信，他不仅辞去敕命中'招讨'的职位，只称自己为宣慰处置使，而且依旧以韩大人为淮西行营都统，不做任何调整，并称赞韩大人这几年讨伐吴元济的战绩。希望韩大人能够理解裴大人的良苦用心。裴大人已经在皇帝面前立下军令状，不灭吴元济誓不回朝。您不必亲自到淮西指挥作战，只需遏制住北方贼寇即可。"

韩弘虽然是个武人，却十分精明，早在韩愈到达之前，他已盘算好利弊得失，只有积极配合裴度的平叛行动，才有未来。韩弘对韩愈的到来深表感谢，并信誓旦旦地表态说："先生请放心，我一定积极配合裴大人的平叛行动。"不仅如此，韩弘还派遣自己的儿子韩公武率兵一万三千人会讨蔡州。

韩愈单骑赴汴州说服韩弘，为平叛立下首功。

韩愈离开汴州后即刻挥鞭来到节度使临时治所郾城面见裴度，向裴度报告这一喜讯，裴度听后十分欣慰。

当晚，裴度召开军情分析会，韩愈在认真分析了蔡州战局之后表示："根据我们目前掌握的信息，吴元济的精兵皆布置在洄曲，目前蔡州城内守备空虚，我们应该乘虚而入。我愿亲领精兵三千抄小路直入蔡州，必能生擒吴元济。"

裴度闻言，不由心头一震，确实是奇招。左思右想还是不敢冒这个险。韩愈毕竟是文人，写墓志铭确实是一把好手，但领兵打仗可不是闹着玩的，裴度未置可否。

直到十月初八日，唐邓节度使李愬派掌书记郑澥到郾城，再次向裴度提出趁虚取城。裴度审时度势，终于批准了奇袭蔡州的军事行动。

十月十六日，大雪。李愬引兵攻入蔡州，生擒吴元济。

可见韩愈当初的建议是可行的。裴度此时才真正意识到韩愈不只是一个书生，在战略决策方面他也不乏先见之明。

吴元济被生擒之后，裴度率部进入蔡州，安抚百姓，废除吴元济所立酷刑峻法。"途无偶语，夜不燃烛，人或以酒食相过从者，以军法论"等禁令一夜之间成为废纸，蔡州百姓无不欢欣鼓舞。

申州、光州相继投降朝廷，耗时四年之久的征讨淮西战役宣告结束。

元和十二年（817）十二月，韩愈随裴度一道回到长安城。论功行赏，韩愈因军功被晋升为刑部侍郎，正四品，大致相当于今天的司法部副部长，可谓位高权重。

为了纪念这段功绩，群臣纷纷上疏，请求刻石纪功，以昭示天下。

唐宪宗当然也希望自己的功业能够千秋万代永世传颂，遂在朝堂上说："众爱卿的奏折，朕已批阅。平定淮蔡确实是本朝一大功业，朕心甚慰。不论是朝臣还是前线将士们，都将生死置之度外，功业彪炳千秋，可歌可泣。刻石以纪功，不亦宜乎。刑部侍郎韩愈何在？"

韩愈赶紧站出来，朗声答道："臣在。"

唐宪宗说:"韩侍郎,你随裴相出征淮蔡,前后经过最了解,你的文章写得好,就由爱卿来撰写这篇碑文吧。"

韩愈不敢推辞,说道:"臣接旨。"

韩愈全程参与了讨伐吴元济的战役,最熟悉此次战役,加之他的文名天下皆知,确实是撰写这篇碑文的最佳人选。

韩愈接受撰写碑文的任务以后,深觉责任重大,构思一月之久,依然不敢下笔。作为一代文豪,韩愈写文章经常挥笔立就,像这次这么慢交稿的情况,应该是绝无仅有的一次。从正月十四日受命,到三月二十五日交稿,从构思到交稿,韩愈足足用了七十多天。

《平淮西碑》的碑文呈递上去,宪宗命人抄录数份,分赐立功诸将,并将这篇文章刻碑,立于蔡州城内紫极宫。没想到竖碑以后竟然发生了一件至今依然争论不休的文字公案。

雪夜袭蔡州并生擒吴元济的功臣李愬对韩愈的碑文十分不满,他认为这篇《平淮西碑》在裴度身上着墨更多。李愬的妻子韦氏是唐安公主的女儿,与唐宪宗是表兄妹关系。韦氏到宫中向宪宗哭诉称韩愈碑文不实。唐宪宗无奈，只得下令磨掉韩愈的碑文，命翰林学士段文昌重新撰文勒石。

消息传出，天下哗然。

张籍到韩愈家中，安慰韩愈："《平淮西碑》碑文破骈为散，字奇语重，典重朴雅，淋漓纵横，在您创作的全部文章当中不说是最好的一篇，至少也是极为用心的一篇。"

韩愈一脸苦笑道："我足足用了七十多天才创作完成，这你也知道。"

张籍继续说："对啊。我认为碑文既写出了皇上的英明决断，也写出了裴大人的运筹帷幄，但并未埋没李节度生擒吴元济的功劳啊。'自文城因天大雪，疾驰百二十里，用夜半到蔡，破其门，取元济以献'这几句已经将李节度之功表露无遗，何来不实之说？"

韩愈道："事已至此，又能如何呢？公道自在人心！"

张籍依然一脸义愤："裴大人是帅，李愬虽为节度使，毕竟是将。倘无裴大人亲自督战，淮蔡如何能够平定？李节度纵使有功，又如何能够居于裴大人之上呢？简直荒谬！"

韩愈淡然一笑："碑上之文磨得去，纸上之文谁又能磨得去呢？文昌兄，就这样吧，不如明天我们一起去南塘钓鱼？"

张籍看到韩愈并未被这件事情击倒，便也放下心来，应声道："好！去南塘钓鱼，正好可以放松一下心情。"

五十一岁的韩愈早已饱经沧桑，处变不惊，他没有进行任何辩白，泰然面对挫折。冥冥之中，还有更大的打击在等着韩愈。

谏迎佛骨

　　唐宪宗称得上是中唐时期的一代英主。如果非要在唐代所有皇帝中选出三位最有作为的皇帝，必定是唐太宗、唐玄宗和唐宪宗。经过十余年的励精图治，唐宪宗令安史之乱后风雨飘摇的大唐王朝出现了短暂的统一局面，所有藩镇至少在名义上全部表示归服，这段时期在历史上被称为"元和中兴"。

　　然而，唐宪宗自淮西之役后，目睹天下归服，渐生骄侈之心，弊政迭出，其中崇道佞佛，服食丹药，追求长生不老便是其晚年的败笔之一。

　　陕西凤翔法门寺有一座护国真身塔，塔内藏有释迦牟尼的一节指骨，每三十年一开塔，据说开则岁丰人泰。元和十四年（819）正值开塔之年，这年正月，唐宪宗派宦官杜英奇手持香花将佛骨从临皋驿迎至大明宫供奉三日。王公士民瞻奉舍施，唯恐不及。普通百姓竟然有废业破产、烧顶灼臂而求供养者。

韩愈目睹这种不惜自残的佞佛行为，内心十分不屑，加之《平淮西碑》被磨也一直是韩愈胸中难浇之块垒。因此，韩愈不顾君臣之礼，愤愤然写下一篇《论佛骨表》。

在文章中，韩愈历数先代帝王的寿命，以雄辩的事实证明在佛法传入中原之前，许多帝王的寿命很长。从黄帝、少昊、帝喾、尧、舜、禹、商汤、武丁、周文王、周武王、周穆王一直数到汉明帝，他们的长寿显然跟佛法无关。汉明帝时佛法开始传入中国，而汉明帝在位时间只有十八年。"其后乱亡相继，运祚不长。宋、齐、梁、陈、元魏已下，事佛渐谨，年代尤促"，由此得出"佛不足事"的结论。韩愈更进一步提出"乞以此骨付之有司，投诸水火，永绝根本，断天下之疑，绝后代之惑"，并且表示"佛如有灵，能作祸祟，凡有殃咎，宜加臣身，上天鉴临，臣不怨悔"。

唐宪宗读完这封奏疏震怒。他愤愤地对裴度、崔群等人说道："韩愈说我信奉佛祖太过分，我还可以宽容。他竟然说自从东汉奉佛以来，帝王的寿命都短促，怎么能说得如此荒谬呢？韩愈作为人臣，竟敢如此狂妄，我一定要杀了他，决不赦免。"

裴度、崔群等人素与韩愈交好，赶紧跟皇帝求情："韩愈如此出言不逊，冒犯皇上，确实是他不对，应该惩处。韩愈这么说其实也是为皇上好，为江山社稷永固。若不是心怀最大的忠诚，不惧怕责罚惩处，恐怕也不会写这封奏疏。恳请皇上稍微宽容一些，也可以借此鼓励臣子勇敢进谏。"

消息传出以后，朝廷内外都感觉惊骇恐惧，就连外戚权贵也有好多人替韩愈求情。唐宪宗转念一想，韩愈进谏，虽然逆耳，却也罪不至死，姑且饶过一命，将其贬为潮州刺史。

贬令一下，韩愈被要求即刻上道，不容停留。

这是韩愈一生中第三次踏上赴岭南的路。

此去潮州，距离长安城足足八千里路。韩愈最放心不下的便是小女儿挐（ná）挐，挐挐正在病中，韩愈眼含热泪吻别女儿。此时，韩愈的夫人卢氏已经泣不成声。韩愈拉起卢氏的手，叮嘱她："我此去潮州，不知道什么时候才能回来，你一定要照顾自己，照顾好孩子……"然后匆忙上路。

谁料想，韩愈甫一离开京城，家眷竟然也被勒令迁出京城，尾随韩愈南下。

韩愈行至蓝田关，天色将晚，可是风急雪紧，正打算到驿站停宿，隐约听到有人呼喊："爷爷，爷爷，等等我，我来啦……"

韩愈回头看，在迷蒙的风雪中但见一个人骑马赶了上来，定睛一看，竟然是侄孙韩湘满身风雪追了上来。

韩湘是韩老成的儿子，老成卒后，韩愈就将韩湘接到身边亲自教导。韩湘为什么从后面赶上来呢？原来卢氏看到韩愈只带一个仆人上路十分担心，遂让韩湘赶紧追上来，一路上也好有个照应。

当夜，祖孙二人加上一个仆人，三人停宿蓝田驿。

风雪之夜，驿站的旅舍处处透风，房间很冷，韩愈的心更冷。

用过晚饭，韩愈提笔写下那首流传千古的《左迁至蓝关示侄孙湘》：

一封朝奏九重天，夕贬潮州路八千。

欲为圣明除弊事，肯将衰朽惜残年。

云横秦岭家何在？雪拥蓝关马不前。

知汝远来应有意，好收吾骨瘴江边。

其后，韩愈由蓝田入商洛，次邓州，过南阳，进韶州，渡泷水，一路经涉岭海，水陆万里，终于在四月二十五日抵达贬所潮州。

下车伊始就会见当地官吏百姓，问百姓疾苦，并依常规写下一篇《潮州刺史谢上表》。在奏表中韩愈自然免不了称颂皇帝圣德，更不能不忏悔认罪。他甚至劝唐宪宗东巡泰山封禅，渴望自己能"奏薄伎于从官之内、隶御之间"，这篇奏表与《论佛骨表》中的铮铮铁骨相比较，确实显得情哀词迫，难怪后世有不少人认为韩愈不善处穷，一生志气挫于岭表。

但是我们也要看到韩愈虽然承认自己"言涉不敬",但并未就排佛之根本态度认错输诚,这是其令人敬佩之处。

韩愈刺潮不过七八个月的时间,却在潮州城市发展史上留下浓墨重彩的一笔,对潮州这座历史文化名城的形成和发展起了不可估量的巨大作用。

潮州百姓为了永久纪念韩愈,将当地恶溪更名为韩江,笔架山更名为韩山,所谓"不虚南谪八千里,赢得江山都姓韩"。

具体而言之,韩愈在潮州干了以下四件事:

首先是驱鳄鱼。韩愈来到潮州之后,询问百姓疾苦,百姓异口同声回答说:"禀告韩大人,城西恶溪有鳄鱼。鳄鱼长成以后有数丈之长,凶残可怕。鳄鱼快把各家各户的家畜都吃光了,我们深受其害啊!"

韩愈听后,大声说:"好,我一定想办法驱除鳄鱼。"

过了几天,韩愈让判官秦济烤好一头猪和一只羊,投进水里,韩愈将自己提前写好的《鳄鱼文》拿出来,开始祝祷。

《鳄鱼文》先礼后兵，义正词严。先食以羊豕，待之以礼，然后限令鳄鱼在三天之内南迁到大海之中，三天做不到就五天，五天做不到就七天。若七天之后还不肯离开，就是眼里没有刺史大人。如果鳄鱼冥顽不化，不肯听从刺史的劝告，那么只能被施以武力了。

神奇的是，当晚即有疾风迅雷起于恶溪，过了几天，恶溪中的水完全干涸，竟然向西迁移六十里，自此以后，潮州再无鳄鱼之患。

其次是重农桑。韩愈在潮州积极兴修水利，劝课农桑。据《海阳县志》记载，恶溪（今潮汕韩江）两岸原无堤坝，时有水患，韩愈命人砌筑北堤。韩愈撰有《潮州祭神文》五首，分别祭祀大湖神、城隍神、界石神等神明，其中有这样的话语："刺史不仁，可坐以罪。惟彼无辜，惠以福也。"宁可罪己，也要祈请神灵赐福百姓，祈求风调雨顺、五谷丰登。

第三是放奴婢。当地有习俗，穷人借贷多以子女为质，逾期不能赎归者，则永久沦为奴隶，更有卖子女为人隶者。韩愈采取计庸抵债、赎还奴隶的措施，使得那些久不得归的男奴女婢得以归家。这样的措施很大程度上抑制了当地豪强，维护了底层百姓的权益。

第四是办学校。韩愈一贯以捍卫儒学为己任，渴望重振儒学道统。痛感于"潮人未知学"以及州学荒废日久的现状，他在《潮州请置乡校牒》中指出："夫欲用德礼，未有不由学校师弟子者。"韩愈为潮州兴学立教大声疾呼，并且拿出自己的俸禄，用于办学之需。韩愈延聘海阳人赵德摄海阳县尉，因为赵德"沉雅专静，颇通经，有文章，能知先王之道，论说且排异端而宗孔氏"，遂请他主持州学。

唐宪宗在收到韩愈的《潮州刺史谢上表》以后，对宰相们说："昨日朕收到了韩愈到潮州以后呈递上来的谢恩表。细想谏迎佛骨之事，他的初心是好的，出于爱护我，我怎么会不知道呢？但是韩愈作为人臣，怎么可以说出君主事佛就会短寿这样悖逆的话来呢？朕将他贬到潮州去实是因他太过轻慢放肆了。"

这番话其实已经透露出复用韩愈的端倪，唐宪宗故意说出这番话来，是在试探宰相们的态度。

时任宰相之一的皇甫镈性情狡诈而又受宠，他知道韩愈与裴度交情甚密，而裴度极力反对自己拜相，生怕性情耿直的韩愈回到朝中，对自己不利，故而率先回答："韩愈毕竟太过狂妄，可以暂且酌情内移。"

元和十四年（819）七月，群臣上尊号，宪宗的尊号为"元和圣文神武法天应道皇帝"，大赦天下。韩愈闻讯立刻写了《贺册尊号表》，极力颂扬唐宪宗，称他"众美备具，名实相当，赫赫巍巍，超今冠古"。

当年十月二十四日，韩愈准例量移，改授袁州（今江西宜春）刺史。韩愈收到改官的敕令后将赵德请至府中，对他说："赵兄，恕我冒昧，今天请您来，只有一个问题，您愿不愿意随我一同赴任宜春？"

赵德十分感动，却婉言谢绝了韩愈的邀请："禀告大人，承蒙大人厚爱，小人无比感愧。可是小人有老母尚在，不宜奔波在外，恕小人无法追随大人左右。"

韩愈也知道赵德所说皆为实情，不好强求，只好说道："普天之下，莫非王土；率土之滨，莫非王臣。在何处任职都是为朝廷效力。你孝心耿耿，令人钦敬，我会拜托下一任刺史照顾你，放心吧！"

韩愈命仆人收拾行囊，离开潮州，朝韶州方向进发。因韩愈的家人都暂居韶州，故取道韶州，与家人相会，然后再奔袁州赴任。想到终于可以与家人团聚，韩愈心头十分欢喜。

元和十五年（820）闰正月八日，韩愈到达袁州。

这一年正月二十七日，年仅四十三岁的唐宪宗暴卒。穆宗即位，韩愈撰有《袁州刺史谢上表》，称"微臣惟当布陛下维新之泽，守国家太平之规，劝以耕桑，使无怠惰而已"。所谓"治袁州如潮"，韩愈在袁州这段时间基本上参照治理潮州的方法，积极劝课农桑，释放奴隶，兴办教育。

韩愈赴任袁州途中接到刘禹锡的来信，刘禹锡在信中告知了柳宗元病逝于柳州的消息。虽然二人只在御史台有短暂的同僚关系，却是真正的道义之交。

韩愈怀着十分悲痛的心情写下《祭柳子厚文》，寄往柳州。柳宗元享年只有四十七岁，而韩愈比柳宗元还要大五岁。二人自"永贞革新"失败之后，再没有见面，柳宗元固然是一贬再贬，韩愈又何尝不是呢？

韩愈与柳宗元的最大不同在于遭贬之后的生活态度。柳宗元终其一生不认为自己有罪，他只能将无处安放的灵魂寄托于山水之间，遗憾的是，山水的慰藉并不能真正修补他那颗受伤的心灵。韩愈则不然，他遭贬之后立刻向生活低头，韩愈是一个识时务者。

韩愈抓住一切能够抓住的机会，实在没机会，他就自己创造机会。

元和十五年（820）六月十六日，袁州西北方的天空中出现庆云。所谓庆云，就是五彩祥云，庆云代表祥瑞，代表盛世。天赐良机，韩愈洋洋洒洒写就一篇《贺庆云表》，呈递给唐穆宗。韩愈想告诉唐穆宗，自己还被贬谪在外面呢，千万别把自己给忘了。

也许是上了《贺庆云表》的缘故，也许是韩愈曾担任太子右庶子这一职务的缘故，韩愈的命运再一次迎来转机。

九月，韩愈被调回京城，担任国子监祭酒，从三品，国子监祭酒不仅是国子监的长官，也是全国最高教育行政长官。

十月，韩愈告别袁州，返回京城。在返京路上，经过商南层峰驿，韩愈的小女儿挐挐即埋骨于层峰驿旁山下。

韩愈因上《论佛骨表》被贬为潮州刺史，家人也被勒令离开京城。全家人仓皇上路，而年仅十二岁的小女儿挐挐正在病中，因路上各种不便，缺医少药，不幸夭亡，不得不草草葬于此处。

韩愈命人准备了祭品，在挐挐简陋的坟前失声痛哭、老泪纵横。

"挐挐，挐挐，别害怕！都怪爹爹不好，都怪爹爹，让你一个人在这里，你冷不冷？你饿不饿？爹爹来了，爹爹来看你了，爹爹对不住你啊……"

苍天不语，群山静默。

一阵风起，卷起坟前的纸灰，那纸灰化作一只只翩翩起舞的蝴蝶，韩愈仿佛看到挐挐就在眼前，咯咯笑着，追逐着那些蝴蝶。纸灰缓缓飘落，蝴蝶飞去，挐挐迅即消失不见。

卢氏早已哭得全身瘫软在地，韩愈将她扶起来，一边自责，一边安慰卢氏。作别挐挐，韩愈一行继续赶路。

当年岁暮，韩愈回到京城，就任国子监祭酒之职。

韩愈一生仕宦经历与国子监有着不解之缘，这已经是韩愈第四次就职国子监了，不免感慨系之。韩愈是一个有着强烈的用世之心的人，他对教育事业也是一腔热忱，之前在国子监的任职经历也令他对国子监的种种不良风气有着切身体会，所以他来到国子监，迅速开始整顿学风、延聘人才，上《国子监论新注学官牒》，目的只有一个，就是不仅要扩大招生范围，更要全面提升教育质量，真正为大唐王朝培养人才。

当时国子监有一位直讲擅长讲授《礼》，教学能力突出。直讲负责辅佐博士授课，类似于今天的助教，在国子监的教官中地位低下。加上这位直讲面容丑陋，而国子监的学官大多是世家子弟，他们联合起来排挤这位直讲，连吃饭都不屑和他坐同一张桌子。

韩愈听说后，立刻吩咐手下："去把这位直讲先生请过来，我要跟他一起吃个饭。"

从此以后，那些教官再也不敢瞧不起这位直讲了。

国子监教官中有不少豪族子弟，他们饱食终日，不学无术，却忝居教席。韩愈虽然一时没办法将这些人清理出教师队伍，却可以奏请延聘那些有真才实学的人来国子监担任学官，其中就包括好友张籍。

张籍在太常寺太祝任上干了足足十年，此番为国子监博士，日子虽然依旧清苦，至少有了一份体面，可以呼朋唤友，饮酒赋诗，获得了极大的精神满足。

韩愈为了提高国子监的学术水平，出台措施举办会讲，以交流学术观点，活跃学术氛围。所谓会讲，类似于今天的学术报告或研讨会，国子监"六学一馆"的所有生徒均可以参加。

这一举措极大程度调动了太学生们的学习积极性，他们奔走相告："韩公来担任国子监祭酒，这下我们不寂寞了。"

有时候，人生再怎么努力奋进，再怎么精心规划，都抵不过命运的安排。

当初，韩愈从中书舍人被降为太子右庶子，一肚子不开心，因为做太子属官，被排挤出权力中枢。可是，当初的太子摇身一变，成了今天的唐穆宗，当初的不开心瞬间成为今天的求之不得。韩愈曾在东宫短暂任职，并且在宪宗时代被贬谪潮州。所谓一朝天子一朝臣，唐穆宗要黜退那些先朝红人，重用那些在先朝遭排挤之人。

也许正是那次东宫任职经历，使韩愈得到了唐穆宗的信赖和重用。

宣抚镇州

　　长庆元年（821）七月二十六日，韩愈自国子监祭酒转任兵部侍郎。兵部乃六部之一，长官叫尚书，副职叫侍郎。兵部侍郎相当于今天的国防部副部长，是一个较之国子监祭酒更显赫的职位。

　　同月，镇州（今河北正定）军乱。成德军节度使田弘正被潜怀异志的都知兵马使王廷凑勾结牙兵杀死，田弘正的家属将佐共计三百余口同时遇害。王廷凑杀了田弘正，自称留后，代理节度使，一面逼迫监军宋惟澄向朝廷上表请求任王廷凑为节度使，一面攻取冀州，杀冀州刺史王进岌。唐穆宗震怒，下令征调集结附近各镇兵力讨伐王廷凑，以河东节度使裴度为幽镇两道招抚使，任命田弘正之子泾原节度使田布代替李愬为魏博节度使，任命王承宗旧将深州刺史牛元翼为成德军节度使。结果官军讨伐不利，再加上朝中有人掣肘，叛军气焰十分嚣张。朝廷不得已选择妥协，于长庆二年（822）二月下诏赦免王廷凑的罪行，并授为检校右散骑常侍、镇州大都督府长史、成德军节度、镇冀深赵等州观察等使。

虽已下诏，派谁去军中宣谕，却成为一个棘手的难题，因为此时的王廷凑已经不受控制。经过审慎思考，朝廷决定派兵部侍郎韩愈前往镇州宣谕。

韩愈接受敕命以后即刻上路。

无论家人还是朋友以及朝中同僚都觉得这是一个万分凶险的任务，很可能有去无回。元稹上奏说："韩愈是个不可多得的人才，又是朝中老臣，此去必定凶多吉少，失去韩愈实在是一件令人痛惜之事。"

唐穆宗听了元稹的话，心生悔意，赶紧下急诏，叮嘱韩愈到镇州边境后仔细观察形势，相机而动，不必非得进入镇州。

韩愈接到诏书后慨然道："安有受君命而滞留

自顾？"意思是既然接受了诏令就不能再顾及个人安危。到了镇州边界而逡巡不入，显然不是韩愈的做事风格。

后世有人认为韩愈汲汲于名利，不能固守贫贱。但人都有两面性，韩愈在这种性命关头，完全将个人安危置之度外，确实也有孟子所谓的一股至大至刚的浩然之气充塞于胸膛，心中只有一个信念，就是以身报国，舍生取义。

韩愈长驱直入镇州城。王廷凑率领士兵在城门迎接他，士兵皆剑在手、箭在弦，横眉冷目，杀气腾腾。韩愈昂首阔步，走进驿馆，如入无人之境。韩愈和王廷凑、监军使宋惟澄三人坐定。

王廷凑看到韩愈神态自若、毫不畏惧，气焰便自矮了几分："之所以如此纷乱，都是这些士卒们的主意，不是廷凑唆使。"

韩愈厉声说道："天子认为您有将帅之才，所以赐予您符节，怎料到您竟然会与贼人一道造反呢？"

话还没说完，一个士兵站了出来，激愤地说："先太师（王武俊）为国家攻打朱滔，血衣犹在。我们这支军队哪里对不住朝廷了，却说我们是叛贼？"

韩愈淡然一笑，说："我还以为你们已经忘记先太师对朝廷的功劳与忠诚了呢，如果还记得，那真是太好了。我问你们一个问题：天宝以来，安禄山、史思明、李希烈这些人有儿子或者孙子在吗？还有在做官的吗？"

众人异口同声："没有。"

韩愈接着说："田公率领魏、博六州归顺朝廷，担任中书令的职务，父子皆受旗节。刘悟、李佑都是大军镇的节度使。这些在军中想必也是人所共知的。"

众人说："田弘正为人苛刻，所以才会军心不安。"

韩愈说："田公确实为人苛刻，可是你们已经杀了他，而且把他的家人也都杀了，还有什么好说的呢？"

众人都说："侍郎大人说得倒也对！"

王廷凑担心军心摇动，急忙挥手喝令士兵们都出去。然后对韩愈说："侍郎大人此番前来，究竟想让我干什么呢？"

韩愈说："神策六军的将领像牛元翼这样的人不在少数，但朝廷顾全大局，不能丢弃他不管。您长时间围困他，究竟是为了什么呢？"

王廷凑说："嗯，我马上就放他出城。"

韩愈淡然地表示："如果这样的话，那就没什么事了。"

狡诈的王廷凑察颜观色，一看韩愈并无过分要求，便大致揣摩出了朝廷的态度，迅速安排宴会为韩愈接风洗尘。

韩愈孤身一人，深入虎穴，谈笑间便化解了一场重大危机，可谓折冲樽俎，不辱使命。

回到京城，韩愈立刻面见天子，详细汇报了这次宣谕镇州之行所取得的成果。唐穆宗听完龙颜大悦，称赞韩愈宣谕得体："爱卿，你就应该这样对他说！"

经过这件事，唐穆宗愈加坚定了重用韩愈的意愿。

长庆二年（822）九月，韩愈调任吏部侍郎。

长庆三年（823）早春的一日，细雨洒落，草木萌动，京城一派欣欣向荣的景象。韩愈打算游览曲江，给张籍写信托他先去探看。韩愈在信中写有两首诗，题目是《早春呈水部张十八员外》：

其一

天街小雨润如酥，草色遥看近却无。

最是一年春好处，绝胜烟柳满皇都。

其二

莫道官忙身老大，即无年少逐春心。

凭君先到江头看，柳色如今深未深。

张籍在长庆二年（822）盛春时即由国子博士迁水部员外郎。

二人初识于贞元十三年（797），二十多年来二人推心置腹，赤诚相待，结下了毕生的友情。经过万千辛苦，韩愈和张籍终于都成为朝廷命官，可以相约一起踏春赏花。韩愈的心情应该是非常轻松而愉悦的，从第一首诗中可以看出韩愈敏锐的观察力和高超的艺术表现力，特别是"草色遥看近却无"这一句，将早春那一痕草色刻画得十分精准。全诗清新自然，绝不同于那些以雄奇险怪见长的作品，是韩愈诗集中别具风格的佳作。

韩愈倾注心血所写的作品，如《南山》《陆浑山火一首和皇甫湜用其韵》等，奇特雄伟、光怪陆离，普通读者望而生畏。反倒是《早春呈水部张十八员外》这样的作品以其近乎口语化的表达，诗意轻浅而韵味无穷，家弦户诵，流布世间。吟咏早春之诗，千百年来无出其右，不经意间，这首诗惊艳了整个春天，传遍了整个长安。

事情往往就是这样，倾尽全力，也未必如意，率意成篇，却万古流传。

大星陨落

长庆三年（823）六月，韩愈从吏部侍郎转任京兆尹兼御史大夫。京兆尹是京城的最高长官，从二品，位高权重，只是这一切都是宰相李逢吉的刻意安排。

李逢吉为人阴险诡谲，他生恐李绅拜相，便打算驱逐他，于是开始一番操作。任命韩愈为京兆尹兼御史大夫，并特地请皇帝下诏免去韩愈参见御史中丞的礼节，即所谓"释台参"。同时任命李绅为御史中丞，以挑起韩愈与李绅两个人之间的矛盾。

果然李绅率先发难，弹劾韩愈不去御史台参谒就是不尊礼制。韩愈对李绅以晚辈视之，加上自己有皇帝的特诏，当然不服李绅的指责。二人相互责问的文书不断，惹得物议沸腾。

韩愈于李绅有知遇之恩。李绅尚未及第时，韩愈曾大力举荐过他。谁知李绅这个人倔强固执、峭直耿介，把旧日恩情悉数抛在脑后。

李逢吉一看双方矛盾加深，终于有话说了，遂以台府不协为借口，将李绅贬为江西观察使，韩愈复为兵部侍郎。

受到唐穆宗欣赏的李绅，当时与李德裕、元稹并称"三俊"，却先后遭到李逢吉的排挤和陷害。李绅出为江西观察使，唐穆宗以为是李绅主动寻求外任，派宦官到家里宣谕慰劳，并赐给玉带一条。李绅被贬出京城才知道是中了李逢吉的圈套，赶紧抓住机会对宦官哭诉了自己其实是遭到宰相李逢吉的刻意打压，才会被外放任职，自己内心其实无限眷恋朝廷。等到入朝谢恩，李绅又当着唐穆宗的面自我陈诉，唐穆宗终于弄明白了整件事情。于是，在皇帝的强力干涉之下，李绅改授户部侍郎。

问清了李绅的事儿，唐穆宗又转头问韩愈："爱卿，我也听闻了，你和李绅你们俩争来争去的，究竟是怎么回事？如实奏来！"于是韩愈趁机将"释台参"的整个过程原原本本说了个清楚。

唐穆宗听完，不禁莞尔，对韩愈说："爱卿，你与李绅脾气都够偏的，爱卿自然没有错，想李绅也是一片忠心。这事儿就到此为止吧，我会给你个说法的。"

韩愈叩头谢恩。

唐穆宗给的说法就是韩愈复为吏部侍郎。

韩愈从兵部侍郎转为吏部侍郎，其间只隔了六天。这种频繁的改官如同儿戏，正是朝廷内部缺乏团结、互相倾轧的具体体现。

长庆三年（823）十月四日，韩愈命人赴商南将女儿挐挐的骸骨取出，归葬河南河阳韩氏祖坟。韩愈对挐挐始终抱有愧意，若非自己执意上《论佛骨表》，直言强谏，触怒龙颜，必不至于"夕贬潮州路八千"。若非自己遭贬，女儿挐挐又何至于狼狈上路，终因饮食难周、药石不继夭亡于商南层峰驿呢？

韩愈从袁州返回京城，途中经过层峰驿，满怀悲痛写下一首《去岁自刑部侍郎以罪贬潮州刺史乘驿赴任其后家亦谴逐小女道死殡之层峰驿旁山下蒙恩还朝过其墓留题驿梁》，诗中有"数条藤束木皮棺，草殡荒山白骨寒"的悲痛之语。

将挐挐归葬河阳，是韩愈的一桩沉重心愿，如今总算了却。这次韩愈为女儿准备了华美的棺椁，取代之前草草安葬所用的木皮棺。韩愈又为幼女作《祭女挐女文》和《女挐圹铭》，千载之下读来，仍能体会到韩愈当时的那份悲痛与歉疚之情，真可谓字字滴血，句句神伤。

长庆四年（824）正月二十二日，唐穆宗李恒驾崩，年仅二十九岁，史载穆宗"宴乐过多，畋游无度""不留意天下之务"，在穆宗执政期间，朝廷内部宦官权势日盛，朋党之争愈演愈烈，外部河朔三镇复叛，算是彻底断送了唐宪宗以来所形成的"元和中兴"的大好局面。穆宗驾崩以后，长子李湛即位，是为唐敬宗。

长庆四年（824），韩愈也走到了生命历程中的最后一年。

韩愈从去年年底身体就每况愈下，到了这年夏天，韩愈决定告假养病。韩愈这一生奔波劳碌，不

张籍日日来访，与韩愈一同追忆故人，缅怀往事。

是被贬，就是在被贬的路上，难得彻底放松下来。

韩愈携家人来到城南庄休养。城南庄环境优美，景色怡人。

张籍五月水部员外郎秩满，七月授主客郎中，恰好有两个月的空闲时间可以陪在韩愈身边，他们一起泛舟南溪，垂钓板亭，联句赋诗……

韩愈实在太喜欢钓鱼了。他一生钓过许多鱼，写过许多钓鱼诗，他自己的人生命运也仿佛被一根丝线操控，不能自主。

现在，韩愈放弃追逐名利，顿觉释然。

张籍日日来访，与韩愈一同追忆故人，缅怀往事。他们一直闲聊到黄昏，夕阳余晖通过窗棂照射进来，暖暖的，柔柔的，在地上投下斑驳的光影。

这年中秋，韩愈百日假满，身体依然未见大好，遂辞去吏部侍郎职务。张籍新授主客郎中，须返回京城任职，韩愈也一道回长安城靖安里居住。

韩愈敏锐地察觉到自己将不久于人世，在给皇甫湜的信中，他说"死能令我躬所以不随世磨灭者，惟子以为嘱"，将作墓志铭和神道碑的事情托付给了皇甫湜。

中秋这天，张籍陪韩愈赏月，惜乎天公不作美，第二天张籍又带着王建到韩愈家中继续赏月。此时的韩愈已经无法饮酒作乐，只是吟诗一首以助观月之兴。张籍之所以日复一日地陪在韩愈身边，是因为他也看出韩愈的身体每况愈下。韩愈于张籍有知遇之恩，张籍虽然年长韩愈两岁，却一直被视为韩门大弟子。

十一月末，朝官同僚、门生故旧以及形形色色的人都听闻韩愈病重，纷纷前来探望，基本都被韩家的仆人挡在门外。此时的韩愈已经如油灯将尽，家人生恐探视过多损耗其精神，只有张籍例外。

这天，张籍又趁着公务之余来到韩愈家中，令他诧异的是，这天韩愈的精神较平日明显好许多。

韩愈问张籍："文昌兄，你对死亡怎么看？"

张籍不禁黯然，这话实在没法接啊，便回答："您不要胡思乱想了，安心静养，病会好的，一切都会好起来的。"

韩愈盯着张籍，眼睛里仿佛有光："文昌兄，你也不用安慰我，我自己最知道自己的身体状况了，我恐怕是不行了。生老病死，人之必然，你不用难过。死亡并不可怕。死亡是一种形态的结束，同时也是另外一种形态的开始。我的时日无多了，想写封遗书，一会儿你帮我写，写完以后署上咱俩的名字，你看好不好？"

张籍听到这些话，眼泪止不住地淌下来。

韩愈的妻子和儿子也守护在病榻之侧，听到韩愈这番话，也都号啕不已。

遗书没有写成，韩愈的生命却一路跌跌撞撞走到了终点。

长庆四年（824）十二月二日，韩愈走完五十七年的人生历程，卒于长安靖安里宅。

韩愈
生平简表

● ◎唐代宗大历三年（768）

韩愈生于河阳（今河南孟州）。

● ◎大历五年（770）

父亲韩仲卿去世，韩愈三岁而孤，由长兄韩会、嫂郑氏鞠养。

● ◎大历九年（774）

兄韩会入京师任起居舍人，随兄嫂举家迁往长安。

●◎大历十二年（777）

韩会被贬韶州，随兄嫂至韶州。

●◎大历十四年（779）

韩会病卒，韩愈随嫂郑氏扶兄柩归河阳。

●◎唐德宗建中三年（782）

为避兵乱，随嫂郑氏携侄韩老成迁至宣城韩家别业。

●◎唐德宗贞元二年（786）

韩愈离开宣城，只身赴长安求仕。

●◎贞元三年（787）

在长安应进士试，未第。

●◎贞元四年（788）

再应进士试，未第。

●◎贞元五年（789）

三应进士试，又未第。

●◎贞元八年（792）

登进士第。韩愈与欧阳詹、李观、李绛、崔群、王涯、冯宿、庾承宣八人同榜，皆天下选，时称"龙虎榜"。应吏部博学宏词科试，未中。

●◎贞元九年（793）

再应博学宏词科试，仍未中。

●◎贞元十年（794）

三应博学宏词科试，仍未中。作《祭郑夫人文》。

●◎贞元十二年（796）

至汴州入董晋幕。李翱来从韩愈学文。

●◎贞元十四年（798）

春，与孟郊唱和联句。冬，主持汴州贡举，首荐张籍。

●◎贞元十五年（799）

入张建封幕。

●◎贞元十七年（801）

赴长安，通过铨选，授国子监四门博士。是年撰《送孟东野序》《师说》等文。

●◎贞元十九年（803）

罢国子监四门博士，授监察御史。因关中旱饥上《御史台上论天旱人饥状》疏，被贬为阳山令。是年撰《祭十二郎文》

《子产不毁乡校颂》等文。

●◎唐宪宗元和元年（806）

任江陵法曹参军。后奉召回到长安，权知国子学博士。

●◎元和四年（809）

授都官员外郎，分司东都兼判祠部。

●◎元和五年（810）

授河南令。

●◎元和六年（811）

在河南令任。为李贺作《讳辩》。授职方员外郎，赴长安。
是年作《寄卢仝》《石鼓歌》《送穷文》。

●◎元和八年（813）

任国子博士。三月授比部郎中，兼任史馆修撰，奉旨修《顺宗实录》。是年作《进学解》。

●◎元和九年（814）

十月，授考功郎中，依前史馆修撰，十二月，以考功郎中知制诰。

●◎元和十年（815）

任考功郎中兼知制诰、史馆修撰，进呈《顺宗实录》。

●◎元和十二年（817）

任太子右庶子。七月，兼御史中丞，充彰义军行军司马，随裴度出征淮西。还朝后因功授刑部侍郎。

●◎元和十三年（818）

奉敕撰写《平淮西碑》。后宪宗令段文昌重撰。

●◎元和十四年（819）

因上疏《论佛骨表》，宪宗龙颜大怒，欲杀韩愈，裴度、崔群等朝中大臣极力说情，韩愈才侥幸免死，由刑部侍郎贬为潮州刺史。行至蓝田，作《左迁至蓝关示侄孙湘》诗。韩愈在潮州勤政爱民，兴办学校，培育人才。是年作《潮州刺史谢上表》《潮州祭神文》《祭鳄鱼文》等文。

●◎元和十五年（820）

调任袁州刺史。为柳宗元作《祭柳子厚文》及墓志铭。九月，召为国子祭酒，十一月，到京就职。

●◎唐穆宗长庆元年（821）

七月，授兵部侍郎。

●◎长庆二年（822）

二月，奉命宣抚镇州。九月，授吏部侍郎。

●◎长庆三年（823）

任京兆尹兼御史大夫。十月，为兵部侍郎，旋改吏部侍郎。

●◎长庆四年（824）

唐穆宗崩，唐敬宗即位。夏，韩愈因病告假，养疾城南庄，百日假满，免吏部侍郎。十二月二日，卒于长安靖安里宅。终年五十七岁。